CHAQUE PIÈCE, 20 CENTIMES.
UNE PIÈCE PAR SEMAINE.
MAGASIN THÉATRAL ILLUSTRÉ.
CHARLIEU, ÉDITEUR
BOULEVART SAINT-MARTIN, 12.

LES CANOTIERS DE LA SEINE

VAUDEVILLE AQUATIQUE EN TROIS ACTES ET CINQ TABLEAUX

PAR MM. HENRI THIÉRY ET ADOLPHE DUPEUTY

Représenté pour la première fois sur le théâtre des Folies-Dramatiques, le 12 juin 1858.

Musique de M. ORAY, chef d'orchestre; costumes de M. LANDOLF et Mme DUJARDINS; décors de MM. ZARA et LALOUE; divertissement et danse réglés par M. VAUTIER.

DISTRIBUTION :

MAURICE DE PREUIL.........	MM. SAVERNY.	VERJUS.................		C. CORNETTE.
BOIT-SANS-EAU.............	A. GUYON.	UN GARÇON DE CAFÉ.....		VICTOR.
PAPAVERT ONÉSYME..........	E. VAVASSEUR.	MARIETTE, LA REINE MAB.	Mmes	J. GUYON.
FLIBOCHON.................	E. VILTARD.	FOURCHETTE............		ESTHER.
CACHALOT..................	PATONNELLE.	SCHOPP................		LEROYER.
BOUFFE-TOUJOURS...........	A. PLUM.	COQUELICOT, JACQUELINE.		ÉLÉONORE.
LE PÈRE BIJOU.............	JEAULT.	CÉLINE................		C. RENAUD.
LAUDANUM..................	ALPHONSE.	TITINE................		LOUISE.
COQUELICOT................	VIGNY.	LA MÈRE LERAT.........		CLARA.
CRIQUET...................	FRAISANT.			

ACTE PREMIER.

Premier Tableau.

EMBARQUE!!!

Le théâtre représente la berge de la Seine sous le pont Louis-Philippe. — A droite, le mur du quai et l'escalier de pierre descendant à la berge, près d'un bateau de blanchisseuses dont on voit la moitié et qui communique à la berge par une passerelle. — A ce bateau est amarré une grande yole de canotiers. — Au fond, en pan coupé, le pont Louis-Philippe. — Il fait nuit; le gaz est allumé et l'intérieur du bateau de blanchisseuse est éclairé. — Au fond, à droite, des canots amarrés. — Sur une planche on lit : Pinel, constructeur de canots et garde d'embarcation.

SCÈNE PREMIÈRE.

MARIETTE, FOURCHETTE, TITINE, BLAN-CHISSEUSES, *travaillant dans le bateau*, LE PÈRE BIJOU, *assis sur la berge, pêche à la ligne.*

CHŒUR *accompagné par les battoirs des blanchisseuses*.

Air de *Zingari* (du *Trouvère*).

Battons!
Frappons!
Il faut du courage
A l'ouvrage.
Battons!
Frappons!

Plus tard nous nous amuserons.
Battons!
Frappons!
Et blanchissons!

LE PÈRE BIJOU. Sapristi! un peu de silence, mesdemoiselles.. Vous empêchez le poisson de mordre.

FOURCHETTE, à la fenêtre du bateau. Hein! Qu'est-ce qu'il y a? Tiens! c'est vous, père Bijou!...

LE PÈRE BIJOU. Oui! c'est moi, mademoiselle Fourchette!

FOURCHETTE. Et ça mord-il, le goujon?

LE PÈRE BIJOU. Ça mordait! mais avec le bruit que vous faites, ça ne mord plus!

FOURCHETTE, riant. Dame, à votre âge!

LE PÈRE BIJOU, vexé. Apprenez que je n'ai que soixante ans et qu'à soixante ans...

FOURCHETTE, chantant.

Il ne faut pas remettre...

LE PÈRE BIJOU. Bien! bien! mademoiselle Fourchette... Il paraît que vous ne voulez plus manger de poisson du père Bijou, vous qui, entre nous, êtes tant soit peu gourmande... Supprimez la friture... Je ne vous dis que ça!...

FOURCHETTE. Voyons, papa Bijou, ne vous fâchez pas !...

LE PÈRE BIJOU. Un pêcheur à la ligne, ça ne se fâche jamais... (S'adoucissant.) Mais vrai, vous faites un bruit ce soir...

FOURCHETTE. Dame! c'est que c'est aujourd'hui samedi.

LE PÈRE BIJOU. Ah! je comprends, demain dimanche... demain le repos...

FOURCHETTE. Allons donc! le repos! demain. Mais voilà les camarades qui ont fini, vous allez pouvoir pêcher à votre aise, car je les emmène avec moi.

LE PÈRE BIJOU. Où ça?

FOURCHETTE. Vous allez le savoir.

SCÈNE II.

LE PÈRE BIJOU, FOURCHETTE, TITINE, ZIZINE, FIFINE, *sortant du bateau de blanchisseuses*.

CHŒUR.

Gai! gai! gai! c'est samedi,
La semaine est finie.
Gai! gai! gai! c'est samedi,
Viv' dimanche et lundi!

LE PÈRE BIJOU.

Ainsi pour vous, je pense,
Jour de repos, demain.

FOURCHETTE.

Pour s' reposer, on danse
Jusqu'à lundi matin.

REPRISE DU CHŒUR.

Gai! gai! gai! etc.

(*Demi jour*.)

FOURCHETTE. Maintenant, mesdemoiselles, prêtez-moi vos oreilles, car il y a du nouveau.

TOUTES. Quoi donc!

FOURCHETTE. Il s'agit d'une grande partie à laquelle nous sommes toutes invitées.

TITINE. Une partie d'ânes à Montmorency!

FOURCHETTE. Non.

TITINE. Un déjeuner sur l'herbe à Pantin?

FOURCHETTE. Non.

TITINE. Nous sommes peut-être invitées dans le monde...

FOURCHETTE, *haussant les épaules*. Fi donc! on s'y embête dans le monde. Non, mesde-moiselles, voici la chose... Vous connaissez bien M. Boit-sans-eau. ce peintre qui m'a proposé l'année dernière de me croquer... mon portrait...

TITINE. Il a été long à le faire.

FOURCHETTE, *baissant les yeux*. Il n'est pas encore fini. Eh bien, M. Boit-sans-eau baptise demain avec ses amis un nouveau canot qu'ils ont fait construire à Bougival. Il faut une marraine. Il m'a choisie... mais... je n'ose y aller seule, vous comprenez... et j'ai l'honneur, mesdemoiselles, de vous inviter au nom de ces messieurs.

TOUTES. Bravo! une partie de canot!

FOURCHETTE. Ce n'est pas tout; c'est justement demain la fête à Bougival. Et après le baptême régates et joutes sur l'eau, divertissements, rafraîchissements, chasse au canard, déjeuner, dîner sous les bosquets! Gloria, musique, tout le tremblement, et le soir finalement, avec la permission de M. le maire, bal champêtre, jeux divers, et cætera.

TOUTES. Vive Fourchette!

FOURCHETTE. Voici l'ordre et la marche... Vous voyez ce canot accroché sous le pont...

TITINE. Celui sur lequel est écrit: *le Lézard*?

FOURCHETTE. Oui, *le Lézard*! Ainsi nommé par ses propriétaires en honneur de cet animal flaneur qui passe sa vie à se chauffer au soleil. Eh prends! Ce bateau, dis-je, est celui qui doit nous conduire à Bougival, et le rendez-vous pour tout le monde est ici dans une heure.

TITINE. Moi, aller sur le canot seulement, je n'oserai jamais; d'abord la rivière, ça me donne le mal de mer.

FOURCHETTE. Candide jeunesse! Est-ce que tu peux avoir le mal de mer, toi, une demoiselle... Regarde-moi, est-ce que j'ai peur? Va, ne crains rien: voyager la nuit, ça sera charmant!

TITINE. Oh! tu es brave, toi... mais moi je n'aime pas quand il fait noir.

FOURCHETTE. Au contraire, c'est bien plus drôle... quand les messieurs disent des bêtises, on n'est pas obligé de baisser les yeux. Allons, mesdemoiselles, si vous m'en croyez, dépêchez-vous de vous faire belles... Surtout ni châles ni chapeaux ; à bord, on vous fournira des vareuses, des paletots et des toquets, comme cela convient à de braves canotières. Mais avant tout, comme je veux que vous me fassiez honneur, il faut que je vous donne quelques bons conseils avant de vous embarquer.

AIR : *Les barrières de Paris*.

Écoutez bien ce qu'il faut
Pour être canotière :
Faut n'avoir pas peur de l'eau
Et n' pas fair' des manières ;
Faut savoir un peu fumer,
Sur l'eau ne jamais s'enrhumer ;
Chanter et danser,
Sans jamais s' lasser,
Pour être canotière !

REPRISE EN CHŒUR.

Faut savoir un peu fumer, etc.

FOURCHETTE.

Il faut préférer encor,
Pour être canotière,
Aux dîners d' la Maison-d'Or,
Les fritures d'Asnières !
Pas d' Champagne, pas d' Chambertin,
Mais boire dans son verre tout plein
Le p'tit doigt de vin
Qui vous met en train,
Quand on est canotière !

REPRISE EN CHŒUR.

Pas d' Champagne, etc.

FOURCHETTE.

La jeunesse a disparu,
A c' qu'on dit, de la terre.
L'amour même est inconnu :
Mesdam's, prouvons l' contraire !
Oui, montrons que la bonté,
La jeunesse et la santé,
Surtout la gaîté !
Tout ça c'est resté
Avec les canotiers !

REPRISE EN CHŒUR.

Oui, montrons, etc.

BIJOU. Bravo! mes petits agneaux! Oui! vivent les canotiers et les canotières!

FOURCHETTE. Allons, partez et revenez vite! L'exactitude est la vertu des canotières, des blanchisseuses.

(Elles sortent sur le refrain et montent l'escalier du quai. A ce moment, Mariette sort du bateau de blanchisseuse, elle a un petit panier à la main et tient une lettre cachetée.)

SCÈNE III.

FOURCHETTE, BIJOU, MARIETTE.

LE PÈRE BIJOU. Décidément il n'y a rien à attraper ce soir, que des rhumatismes ; je vais plier ma ligne.

FOURCHETTE, *apercevant Mariette*. Tiens! Mariette! Tu as entendu, veux tu venir avec nous?

MARIETTE. Merci, Fourchette, mais tu sais bien que je n'ai pas le cœur au plaisir... Amusez-vous bien, à lundi.

LE PÈRE BIJOU, *en train de plier sa ligne*. Qu'est-ce qu'il y a donc, mon enfant. (*A part*.) Cette petite-là c'est ma préférée.

MARIETTE, *rougissant*. Oh! rien! monsieur!... rien!

FOURCHETTE. Si fait. Il y a que les hommes sont des pas grand' chose'; ça séduit des jeunesses qui n'osent pas se consoler et qui les aiment toujours ; si ça ne leur fait pas pitié. Ma pauvre Mariette ; t'abandonner, sans même payer les mois de nourrice de son enfant.

MARIETTE, *confuse*. Oh!

FOURCHETTE. Que ton bon monsieur ne t'épouse pas, eh, mon Dieu! c'est peut être un bonheur pour toi. C'est lui qui y perd... une si bonne fille! Mais que tu sois obligée de travailler comme quatre pour envoyer chaque mois une vingtaine de francs pour la nourrice! Tiens, laisse moi, c'est peut être un très-bel homme, mais c'est une canaille!

MARIETTE, *avec reproche*. Fourchette. (*changeant de ton*.) Mais tu me fais penser que je n'ai que le temps d'envoyer de l'argent là bas. (*Elle montre une lettre*.)

FOURCHETTE. Donne! il faut que j'achète des provisions, je la jetterai dans la boîte en passant. (*Montrant la lettre au père Bijou*.) Tenez, qu'est-ce que je vous disais? (*Elle lit*.) « A « madame Coquelicot, à Villerville, Seine-Inférieure. » C'est la nourrice. Ah! les hommes, les hommes ; et dire qu'il n'y a pas moyen de s'en passer.

(*Elle sort en chantant*.)

SCÈNE IV.

MARIETTE, BIJOU.

LE PÈRE BIJOU, *à la cantonade*. Adieu! Pinson. (*A Mariette qui se dispose à rentrer dans le bateau*.) Eh quoi! vous allez encore travailler?

MARIETTE. Oui, monsieur... Encore une petite heure.
LE PÈRE BIJOU. Il n'y a pas de bon sens de vous fatiguer comme ça. Voyons, vous me connaissez peu, mon enfant; mais moi qui n'ai rien à faire qu'à observer, j'ai depuis longtemps été témoin de votre chagrin caché, de votre courage et, ma foi, je me suis dit qu'un bon conseil vous serait peut-être utile, et puisque cette bavarde de Fourchette m'a dit la moitié de votre histoire!...
MARIETTE. Mais, monsieur, je n'ai pas d'histoire à raconter, Fourchette vous a tout dit.
LE PÈRE BIJOU. C'est égal, vous êtes malheureuse, je le vois bien... Cet homme, qui était-il?
MARIETTE, simplement. Un jeune homme de notre pays, je croyais qu'il m'aimait..... mais Paris l'a perdu. Il est devenu ambitieux... il veut devenir huissier ou notaire.
LE PÈRE BIJOU. Et vous ne le voyez plus? Vous n'avez pas cherché à le retrouver?
MARIETTE. A quoi bon? il ne m'aimait plus.
LE PÈRE BIJOU. Comment, à quoi bon!... pour le forcer à vous aimer! pour donner un père à votre enfant! sapristi!... Ce n'est pas un honnête homme ce monsieur-là... Ce qu'on ne fait pas pour la femme, on le fait pour l'enfant. (*A ce moment, on entend la voix de Schopp, qui crie à la cantonade*: Allons au large! vous autres!) Mais voilà qu'on vient nous déranger (*Regardant.*) Ah! c'est ce petit diable de mousse, le barreur des canotiers. (*Montrant le bateau de blanchisseuses.*) Rentrons, mon enfant!... Je veux m'occuper de votre affaire; foi de pêcheur, nous vous repêcherai votre coquin de... comment l'appelez-vous?
MARIETTE. Onésyme Papavert!
LE PÈRE BIJOU. Drôle de nom! quand on a un nom comme ça, je ne conçois pas que l'on fasse tant de manières pour le partager avec une brave fille.

(*Ils rentrent dans le bateau.*)

SCÈNE V.

SCHOPP, *descendant l'escalier du quai avec une paire d'avirons sur l'épaule; il parle à la cantonade.* Eh! va donc, imbécile! Tu n'avais qu'à te ranger. Eh! t'as pas quatre sous? Allons bon! voilà ma pipe qu'est éteinte! Sont-ils bêtes, ils n'ont jamais vu un mousse. Tiens! personne encore! J'aurais peut-être le temps de les siffler au chinois; (*Se ravisant.*) mais si le capitaine venait! c'est qu'il ne me plaisante pas, le capitaine, avec sa baguette! Allons écoper le canot, car demain, c'est un grand jour pour nous.

AIR : *Savetier et Financier.*

Si le capitaine est vainqueur,
Il pourra dire aussi qu' c'est grâce à son barreur,
Car j' sais border un aviron ;
Et j'y dis aux équipiers, tout comm' le patron :
Il n' faut pas qu'un canotier
Canne, canne, canne,
Il n' faut pas qu'un canotier
Canotte à moitié.

DEUXIÈME COUPLET.

Bref ! le combat est terminé,
C'est décidé, c'est fait, c'est vu, bien vu, gagné.
Chacun paie la goutte au vainqueur,
Et moi j' leur chante alors, pour leur donner du cœur :
Il ne faut pas qu'un vrai marin
Canne, canne, canne,
Il ne faut pas qu'un vrai marin,
Canne d'vant un verre de vin !

(*A ce moment, on entend des cris à la cantonade* :) OHÉ DU CANOT !
SCHOPP. Ah! voici M. Boit-sans-eau, l'as de l'équipe! (*Il écope le youyou.*)

LES CANOTIERS DE LA SEINE.

SCÈNE VI.

SCHOPP, LAUDANUM, BOUFFE-TOUJOURS, BOIT-SANS-EAU.

BOIT-SANS-EAU.

AIR NOUVEAU.

Il était un canot, le plus beau des canots !
Il n'avait qu'un défaut, c'était d'aller au fond de l'eau.

(*Appelant.*) Ohé op!

BOIT-SANS-EAU, *continuant.*

La itou tra la la la la !
La itou tra la la !

CACHALOT, BOIT-SANS-EAU, *paraissant sur le quai.* BOUFFE-TOUJOURS, LAUDANUM, CACHALOT, *du haut de l'escalier, en chœur.*

La itou tra la la la la !
La itou tra la la la !
(*Ils descendent sur la berge.*)

SCHOPP. Ah ! la bande est au complet : n° 2, n° 3, n° 4.
BOIT-SANS-EAU, *à ses amis.* Ah ! vous voilà ! bonjour ! ça va bien ? merci ! Pas mal, et vous ? tout doucement !... Qu'est-ce qui me passe du feu ?...
SCHOPP, *frottant une allumette sur sa cuisse.* Voilà !
BOIT-SANS-EAU. Maintenant, qu'est-ce qui me passe un cigare ?
BOUFFE-TOUJOURS. Pas moi !
CACHALOT. Ni moi !
BOIT-SANS-EAU. Pas moi !
SCHOPP, *tirant un cigare de sa poche.* Voilà !
BOIT-SANS-EAU. Ah ! je te reconnais bien là, Marguerite ! c'est un cigare que tu as trouvé dans les poches de ton maître.
SCHOPP, *avec indignation.* De mon capitaine? jamais ! C'est une marchande de tabac (*Avec fatuité.*) qui a quelques bontés pour moi.
BOIT-SANS-EAU. Gamin ! Je ne le dirai pas à Maurice ; mais à propos, où est-il ? est-ce qu'il ne viendrait pas ?
CACHALOT. Lui ! manquer à l'appel ! un jour de combat ! un jour de gloire !... N'est-ce pas assez d'avoir manqué plusieurs fois aux réunions du dimanche et à nos fameux concerts de Bercy, chez Jullien. Il doit savoir que c'est demain que le soleil doit éclairer notre triomphe aux régates de Bougival. Oui, notre triomphe! oui, plus de Velléda! d'Eva! de Rigoletta! même d'Express-Train!... Qu'est-ce qu'ils vont dire quand ils verront notre nouveau canot?... Et ces bras-là ! tâtez-moi ces muscles-là, c'est de l'acier ! on en ferait des ressorts de voitures!... Vous riez, sans cœur! Toi, Boit-sans-eau, tu bois trop! toi, Bouffe-toujours, tu penses qu'à manger et à refaire ton embonpoint aux cuisines de Jullien. Tu sais, mon bon, qu'il va te réclamer une note de 647 francs et des centimes, sous prétexte que tu pèses déjà un kilog. de plus que le mois passé; et toi, triste Laudanum, tu abandonnes trop souvent notre équipe pour aller dormir dans le canot de la bohème, le Sylphe, et tu ne te réveilles que tous les huit jours, au bruit de l'harmonieuse fanfare des canotiers, lorsque, lancé comme une flèche, le canot vagabond aborde le jardin de la terrasse; ah! vous n'avez pss l'amour de l'art! l'amour du canot! l'amour de la nage !

AIR : *Friandise.*

Moi je nage (*bis.*)
J'aime à nager avec rage...
Moi je nage (*bis.*)
Sur l'eau

Comme un cachalot.
Oui, dès que je fus en âge
D'être un féroce nageur,
Quand j' nag' je suis en nage,
Tellement j'y mets d'ardeur !

BOUFFE-TOUJOURS.

Moi, je mange,
C'est étrange,
Je ne suis gai que quand j'mange.
Manger, voilà mes amours !
Aussi m' nomm'-t-on Bouff'-toujours !
Canoter, c'est agréable ;
Mais pour moi, sans contredit,
C' n'est qu'un moyen honorable
De s' donner de l'appétit.

BOIT-SANS-EAU.

Toi, tu loupes,
Toi, tu loupes
Lorsque chacun fait en coupe ;
Le seul plaisir du canot
C'est dormir au fond du bateau.
Pour égayer la carrière,
Boit-sans-eau le folichon
Tout le long de la rivière
S'arrête à chaque bouchon.

SCHOPP.

Moi le mousse,
Je me pousse
Une existence assez douce,
Et mon cœur est ballotté
Entr' la friture et la beauté.

REPRISE ENSEMBLE.

Lui le mousse,
Il se pousse
Une existence assez douce,
Et son cœur ballotté
Entr' la friture et la beauté!
(*On entend la voix de Maurice donner un signal.*)

SCÈNE VII.

LES MÊMES, MAURICE.

CACHALOT. Attention! voilà Maurice.
TOUS. Vive le capitaine!
SCHOPP, *imitant le tambour.* Plan! plan! rrran plan! plan!
BOIT-SANS-EAU, *faisant le geste de tambour-major.* Fermez le ban!
MAURICE, *souriant.* Merci ! mes amis ! mais je suis venu pour vous dire que je ne partirai pas ce soir avec vous...
BOIT-SANS-EAU. Hein ?
MAURICE. Oui ! tu boiras ma bouteille, mon cher Boit-sans-eau ; tu mangeras mon pain, mon bon Bouffe-toujours ! toi, mon pauvre Cachalot, tu tireras pour deux.
BOIT-SANS-EAU. Ah ça, pas de bêtises! pourquoi ce discours et cette tenue de bourgeois?
BOUFFE-TOUJOURS. Quand nous avions organisé une partie flamboyante, émaillée de goujons frits...
LAUDANUM. Sur l'herbe où nous aurions si bien dormi pendant la chaleur.
CACHALOT. Renacler un jour de régate! monsieur craint les courbatures!
MAURICE. Non, mes amis; mais que voulez-vous? je suis idiot, stupide, je me méprise... je me battrais... Sérieusement, je vais partir pour la campagne de mon oncle! j'y resterai un mois, deux mois...
BOIT-SANS-EAU. Deux mois chez ton oncle! (*Gravement.*) Maurice, ce n'est pas possible, tu es amoureux.
MAURICE. Eh bien, oui... riez, Boit-sans-eau l'ai dit : je suis... ah ! c'est trop bête... je suis amoureux.
CACHALOT. Comprends pas !

BOIT-SANS-EAU. Si, il y a dans l'histoire des exemples de cette maladie.
MAURICE. Enfin je voudrais épouser.
CACHALOT. Ah! nom d'un sabord!... Qui ça, mon Dieu?
SCHOPP. Une femme, probablement.
MAURICE. Vous ne la connaissez pas... la fille d'un notaire... et si, au fait, vous connaissez M. Flibochon, à Bougival.
BOIT-SANS-EAU. Ah! oui, la petite maison en face l'île... fort laid ce beau-père... j'y suis maintenant; cette jolie personne qui, le mois dernier, a perdu pied à la grenouillère de Croissy, et que tu as sauvée au moment où elle allait passer le Styx...
CACHALOT. En vrai terre-neuve! avec une coupe marinière distinguée. (*A ce moment on voit le père Bijou et Mariette paraître à la fenêtre du bateau de blanchisseuse.*) Bien! maintenant plus un mot, je devine le reste... Reconnaissance de la jeune fille... attendrissement de Flibochon... Il ouvre ses bras, sa caisse, il l'appelle son fils, c'est dans tous les romans. A quand la noce?
MAURICE. Tu n'y es pas!.. Elle se marie, oui... mais avec un autre.
BOIT-SANS-EAU. Tant mieux! tu te marieras plus tard... en huit.
MAURICE. Ah! tais-toi, tu vois que je ne ris pas.
BOIT-SANS-EAU. Mais comment sais-tu cela?
MAURICE, *lui montrant un journal*. Oh! tout naturellement; je l'ai lu dans ce maudit journal : entre Mlle Céline Flibochon et M. Onésyme Papavert.
MARIETTE, *à Bijou*. Qu'entends-je?
LE PÈRE BIJOU. Mais Papavert; n'est-ce pas ce nom là qu'à l'instant même vous me disiez...
MARIETTE, *bas*. Silence!
BOIT-SANS-EAU. Allons donc! on ne s'appelle pas Papavert.
MAURICE. Si, un ex-clerc d'huissier, je crois... Oh! je vous assure, mes amis, que je ne suis pas en train, aussi je m'en vais.
CACHALOT. J'en mangerais volontiers un peu de ce monsieur Papavert.
BOIT-SANS-EAU. Un instant, Maurice! ça ne peut pas se passer comme ça. C'est ici la franc-maçonnerie des canotiers. Qui te touche nous touche! Qui te blesse nous blesse! Donc, guerre au Papavert!
TOUS. Guerre au Papavert!
BIJOU, *de la fenêtre du bateau et bas à Mariette*. Oui, guerre au Papavert.
BOIT-SANS-EAU. Tiens! il y a de l'écho ici?
MAURICE. Que pouvez-vous faire pour moi, mes amis? allons, adieu !
(*Fausse sortie.*)

SCÈNE VIII.

LES MÊMES, PAPAVERT.

(A ce moment un chapeau enlevé par un coup de vent tombe près de Schopp.)

PAPAVERT, *paraissant sur le quai*. Allons, bon !
SCHOPP. Tiens! il pleut des gibus. (*Il prend le chapeau.*)
PAPAVERT, *en haut, sur le parapet du quai.* Ah! heureusement il y a du monde! (*Aux canotiers*) Mille pardons, messieurs, mon chapeau vient de tomber.
SCHOPP, *cachant le chapeau*. Quel chapeau?
PAPAVERT. Mon chapeau, et si l'un de vous était assez aimable pour me le rapporter...
SCHOPP. Viens le chercher toi-même...
MAURICE, *à Schopp*. Mais...
PAPAVERT. Ce n'est pas aimable du tout de votre part; je suis pressé !... Mais enfin, puisque vous n'êtes pas complaisant... je descends.
(*Il descend par l'escalier.*)

MAURICE, *avec reproche*. Schopp !
BOIT-SANS-EAU, *l'arrêtant*. Il a raison, la marine française n'a pas été inventée pour rapporter des chapeaux.
CACHALOT. Bravo! Boit-sans-eau! Mille mâts de perroquet!... cette parole me touche, elle est bien sentie !
PAPAVERT, *en descendant*. C'est fort désagréable!.. messieurs, c'est fort désagréable!.. Enfin... quand on est pressé.
SCHOPP, *ironiquement*, *cachant le chapeau*. Ah! monsieur est pressé?
PAPAVERT, *cherchant son chapeau*. Mais oui, très-pressé, mon petit monsieur... je n'ai pas vingt minutes pour arriver à la gare Saint-Lazare... le temps de prendre mon billet pour Bougival... c'est fini, jamais je n'arriverai...
BOIT-SANS-EAU, *étonné*. Bougival! Comment, vous allez à Bougival?
PAPAVERT. Oui, monsieur, à Bougival... je vais à Bougival; j'ai bien le droit d'aller à Bougival, je pense.
BOIT-SANS-EAU. Certainement!..
PAPAVERT, *cherchant toujours son chapeau*. Je dis plus, si quelqu'un a le droit d'aller à Bougival, c'est moi, puisque l'on m'attend pour signer mon contrat de mariage. Ah! vous comprenez enfin. Mais où est mon chapeau... et les cent cinquante invités qui vont m'attendre chez papa Flibochon...
MAURICE, *stupéfait*. M. Flibochon !
PAPAVERT. Oui, M. Flibochon, notaire.
MAURICE, *furieux*. Ah ça, est-ce que vous seriez M. Papavert?
PAPAVERT. Oui, Onésyme Papavert!
MARIETTE, *dans le bateau*. Onésyme, c'est lui! j'ai reconnu sa voix ! Oh! je veux...
LE PÈRE BIJOU, *bas*. Du calme, jeunesse ! Sapristi! du calme! écoutez!
PAPAVERT. Mais comment savez-vous?... Vous êtes un invité !
BOIT-SANS-EAU, *arrêtant Maurice* (*bas*). Chut! (*A Papavert*). Mon ami connaît votre nom, monsieur, parce qu'il a l'honneur de le connaître.
PAPAVERT. Ah! alors très-bien ! Mais mon chapeau, bon Dieu !
SCHOPP, *lui indiquant la droite du théâtre*. Le vent l'a peut-être poussé par là-bas.
PAPAVERT. C'est vrai ! le vent l'a peut-être !.. (*Avec désespoir, regardant sa montre*). Si ça continue, je manquerai encore le convoi suivant.
(Il sort en cherchant ; à peine est-il hors de vue).
CACHALOT, *ramenant vivement ses amis sur l'avant-scène* (Huguenots).
(Un Dieu vengeur l'amène ! Il n'en sortira pas !)
BOIT-SANS-EAU, *chantant*. C'est entendu !
LAUDANUM ET BOUFFE-TOUJOURS (*chantant*). C'est convenu !
BOIT-SANS-EAU, *avec dignité*. Maurice, un mot de toi, et cet homme est mort. Supprimons-le !
SCHOPP, *qui a réfléchi*. Non! je m'en charge, moi !...
BOIT-SANS-EAU. Toi, moussaillon !
SCHOPP. Oui, moi! et voilà mon moyen! (*Il court au canot et jette le chapeau*.)
CACHALOT. Que veut-il faire?
LAUDANUM. Il a jeté le chapeau dans le canot!
SCHOPP, *vivement*. Et maintenant bordez les avirons prêts à pousser dehors au premier signal! Vite en barque.
TOUS. C'est ça ! bon en barque!
BOIT-SANS-EAU. Mille sabords! les femmes toujours en retard... Ah! je les entends !
(Les femmes arrivent et Schopp les fait entrer vivement dans le canot.)
SCHOPP. Vite donc ! le voilà qui revient de ce côté.
PAPAVERT, *rentrant*. Rien ! rien ! pas plus

de chapeau que sur ma tête! (*Il éternue*). Allons, bien ! voilà que je m'enrhume !
SCHOPP, *s'approchant de lui*. Eh bien, ce chapeau, vous ne l'avez pas retrouvé ?
BOIT-SANS-EAU, *de l'embarcation*. Tiens, un chapeau!
(Il se lève debout et montre un chapeau écrasé).
TOUS. Oh! ce gibus ! A qui le gibus? à qui le bolivar ?
PAPAVERT, *s'élançant*. A moi ! à moi !
SCHOPP. Il était tombé justement dans notre canot! Voyez le hasard.
BOIT-SANS-EAU, *à Papavert*. Venez le chercher... je ne peux pas sortir, j'écraserais les crinolines.
PAPAVERT. Ah! oui! (*Il monte dans l'embarcation, saisit son chapeau et l'enfonce sur sa tête*). Et maintenant, je puis partir pour Bougival.
TOUS. Oui, à Bougival.
(On lui donne un renfoncement.)
PAPAVERT, *stupéfait*. Hein !
BOIT-SANS-EAU, *d'une voix de commandant*. Pousse dehors, mousse, pousse dehors.
(Schopp pousse le canot qui s'éloigne).
MAURICE. Mousse, prends le youyou.
PAPAVERT, *se débattant*. Arrêtez, à la garde ! au voleur !

LES CANOTIÈRES, *en chœur*.

La itou, tra la, la, la,
La itou i, tra la, la, la.

(Ils disparaissent avec Papavert.)

SCÈNE IX.

SCHOPP, *dansant*.

La itou, tra la, la, la, la,
La itou, i, tra la, la, la.

(Il se dirige vers le youyou près duquel sont arrivés mystérieusement Bijou et Mariette).

LE PÈRE BIJOU, *dans le youyou, avec Mariette*. Il faut venir avec moi à la fête ; soyez tranquille, Papavert ne vous reconnaîtra pas ; confiance, j'ai mon idée.
SCHOPP, *arrivant à son youyou*. La itou, tra la la. Eh bien ! qu'est-ce que vous faites donc là dans mon youyou, père Bijou ?..
LE PÈRE BIJOU. Silence, mousse! c'est pour sauver ton capitaine. Nous partons aussi pour Bougival.
TOUS. A Bougival !

On entend au loin les voix des canotiers qui chantent en chœur. Le rideau baissé.

Deuxième tableau.

Le théâtre représente une des berges de Bougival. — A droite, premier plan, une auberge avec cette pancarte : *Restaurant à l'instar de Paris*. Au-dessous de la petite porte d'entrée sont écrits ces mots : *Entrée de l'instar*. Une enseigne se balance au vent, sur laquelle on lit : *Matelottes et fritures*. — A gauche, une tonnelle et plusieurs tables. — Au milieu de la scène, troisième plan, est un canot en construction et placé sur son chantier. Il a un mât et un mât de pavillon.

SCÈNE PREMIÈRE.

CRIQUET, *sortant de l'auberge, tenant une*

couronne entourée de rubans et disposée comme pour un mât de cocagne.

AIR *du Violoneux.*

Ce matin, avant l'aurore,
Un dieu vint me réveiller :
Il me dit : Tu dors encore !
Est-il temps de sommeiller ?
De ce canot c'est la fête !
Vas ach'ter cinq sous de rubans
Et cueillir quelqu' fleurs des champs. (*Bis.*)
C'est un bé bé un bénéfice honnête
Qui te ra ra rapportera cinq francs ;
Car pour cinq sous de rubans sur ta tête,
Dans ta poche t'auras cinq francs.

(*Il se dirige vers le canot. A ce moment la mère Lerat sort de son auberge, l'aperçoit et l'apostrophe.*)

SCÈNE II.

CRIQUET, LA MÈRE LERAT.

LA MÈRE LERAT. Hein ! qu'est-ce que je vois ? Criquet ! mon garçon d'auberge, couvert de rubans ! mon marmiton devenu mirliton.
CRIQUET, *déconcerté*. Faites excuse ! patronne ! n'est-ce pas aujourd'hui le baptême du canot de M. Maurice ?...
LA MÈRE LERAT. C'est aujourd'hui la fête de Bougival, voilà ce que je sais, moi... donc, vite à la cuisine, et tu sais... aujourd'hui, c'est convenu, les omelettes de six œufs se font avec quatre œufs.
CRIQUET. Bien, patronne !..
LA MÈRE LERAT. Aujourd'hui le vin à douze se paye quinze sous !..
CRIQUET. Bien, patronne.
LA MÈRE LERAT. Ah ! j'oubliais. Aujourd'hui, tu sais, c'est le café du dimanche.
CRIQUET. Bien, patronne ; le café du dimanche ! un sou de plus... un morceau de sucre de moins... — Je connais ça.

AIR :

Un litre d'eau bien claire
Prise dans la rivière,
Avec du vieux marc réchauffé !
Pour colorer la chose,
Et pour faire du bon café,
De chicorée une dose.

LA MÈRE LERAT.
Ça fait l'meilleur café.

CRIQUET.
De chicorée une dose,
C'est trop fort de café !

LA MÈRE LERAT. Et maintenant range les tables, pendant que je vais préparer le déjeuner des canotiers, qui veulent toujours manger en plein air. (*S'arrêtant.*) Et puis, Criquet, si tu leur fais faire de bonnes notes... tu sais qu'il y a ce soir grand bal, je te le paye.

(*Elle rentre dans l'auberge.*)
CRIQUET. Oh ! merci, patronne !
(*Il va placer sa couronne sur le mât du canot.*)

SCÈNE III.

CRIQUET, *puis* FLIBOCHON *et* CÉLINE.

CRIQUET. Tiens ! M. Flibochon ! le notaire ! qui vient par ici avec sa fille !.. Est-ce assez heureux, un notaire !.. ça met tous les jours un habit noir et une cravate blanche ! ça a tous les jours l'air d'un marié.

(*Il rentre dans l'auberge.*)
FLIBOCHON. Ma chère Céline ! ma fille bien-aimée, écoute un peu ton père, c'est lui le seul, maintenant que ta mère est défunte, le seul qui t'ait donné le jour ; aussi je t'aime ainsi que la nature et la loi le commandent à tout bon citoyen !.. Nonobstant, je dois te remémorer que j'ai déjà critiqué l'obstination que tu mets à diriger tes pas et les miens de ce côté, côté mal famé, plage hantée par des canotiers, des jeunes gens sans aveu qui ont des vareuses, qui fument la pipe et sont la terreur et la honte de ce paisible hameau ! J'ai fini ! parle maintenant, ma fille ! parle, je t'écoute avec la patience d'un notaire et d'un père !
CÉLINE. Je n'ai rien à dire, mon père, je désirais me promener... il faisait beau, il faisait frais, vous étiez déjà levé et vous vous promeniez dans le jardin ; je vous ai demandé de venir respirer le bon air du matin au bord de la Seine... et alors, sans y faire attention, je vous l'assure, nous sommes venus jusqu'ici, vis-à-vis de l'auberge de la mère Lerat.
FLIBOCHON. Un instant ! ma chère fille, il est vrai que tu m'as trouvé levé avant toi, ce matin ; mais le motif en est naturel, c'est que je ne m'étais pas couché hier au soir, je n'aurais jamais pu trouver le sommeil.
CÉLINE, *étourdiment*. Tiens ! c'est comme moi !
FLIBOCHON. Comme toi ! oui ! je comprends !.. ce contrat tout préparé, les cent cinquante-trois invités qui se pressaient dans mes salons... et des glaces à la vanille commandées pour la circonstance ! rien ne manquait... que ton futur !.. Mon Dieu, qu'est devenu le vertueux Papavert ? nous t'attendions dès huit heures et les glaces fondaient ; dix heures, onze heures, les glaces fondaient toujours ; enfin minuit sonne toutes les glaces avaient fondu et Papavert n'était pas venu ! Étrange ! étrange ! J'ai fini, parle maintenant, ma fille ! je t'écoute.
CÉLINE. Pourquoi donc, mon père, détestez-vous si fort ces pauvres jeunes gens qui viennent ici s'amuser sur l'eau le dimanche ?
FLIBOCHON. Qui ! les canotiers ! ah ! ce nom seul m'horripile ; ah ! si tu n'aimais pas le noble jeu de pêche à la ligne, je finirais par quitter Bougival pour n'avoir plus le spectacle de la vue blessé par leur aspect odieux.
CÉLINE. Et pourtant, n'est-ce pas à un canotier que vous devez d'avoir encore votre fille auprès de vous...
FLIBOCHON. Ah ! Céline !... ne me rappelle pas cet affreux souvenir.

AIR *de Turenne.*

J'aurais voulu tenter ton sauvetage,
Car je suis brave et me ris du danger.
J'aurais voulu me jeter à la nage,
Malheureus'ment je ne sais pas nager. (*Bis.*)
Comm' ce grand roi,
Qui, malgré son courage,
Fut sur le Rhin ret'nu par sa grandeur,
Moi de la Seine je n'plaignais d' la largeur
Qui me retenait au rivage !

CÉLINE. Oui, mais lui ! rien ne l'a retenu, il m'a sauvée, et vous ne lui avez pas dit un mot de remerciement.
FLIBOCHON, *gêné*. Que veux-tu, l'émotion, puis cette vareuse, et... mais si je le rencontrais, je...
CÉLINE, *vivement*. Vous !
FLIBOCHON, *à part*. Je m'arrangerai pour être toujours à une lieue de lui. (*Haut.*) Je le récompenserais dignement.

(*A ce moment on entend les voix des canotiers.*)

Mais qu'entends-je ? Ces chants, c'est ce que je te disais !... les voilà, ces canotiers, qui viennent infester cette plage...
CÉLINE. Ils viennent déjeuner, voilà tout !...
FLIBOCHON. Vite ! quittons ces lieux, ma fille !... d'ailleurs trouverons-nous au retour quelque nouvelle de ton futur ! Viens vite, bouche-toi les oreilles et ferme les yeux.
CÉLINE, *à part et tristement*. Je ne le verrai pas aujourd'hui.
FLIBOCHON. Eh bien !...
CÉLINE. Je vous suis, mon père .. je vous suis...
FLIBOCHON. Alors, marche devant !...

(*Ils sortent vivement par la gauche.*)

SCÈNE IV.

(*On voit un canot aborder au fond.*)

MAURICE, BOIT-SANS-EAU, CACHALOT, BOUFFE-TOUJOURS *et* LAUDANUM *en descendent suivis des canotières* FOURCHETTE, TITINE *et* FIFINE.

CHŒUR.

AIR *des Doublons de ma ceinture.*

Bitte et bosse
Ah ! quelle noce !
Vive l'om'lette et le lapin sauté,
La nature
Et la frit ure !
Viv' les goujons et vive la beauté !

BOIT-SANS-EAU.

C'est aujourd'hui la grande fête,
Régat's, joute, et cætera !
Bal ! festival ! fête complète !
Enfin tout le grand tralala !
Depuis Bercy jusques Asnières,
Et d'Argenteuil à Charenton,
Les canotiers, les canotières
Répètent tous à l'unisson :
Bitte et bosse
Ah ! quelle noce !
Viv' l'om'lette et le lapin sauté,
La nature,
La friture !
Viv' les goujons et vive la beauté !

REPRISE EN CHŒUR.

Bitte et bosse, etc., etc.

PAPAVERT, *dans le canot*. Ah ! la la ! la la !
CACHALOT. Tiens ! nous l'avons oublié au fond.
FOURCHETTE. C'est vrai ! il ronfle comme un honnête homme !
BOIT-SANS-EAU. Ça ne fait rien ! il ne nous en veut pas grâce à Fourchette, Zizine, etc.
TITINE. Et grâce au cognac qui l'a grisé comme un Polonais ! je lui en versais de quart d'heure en quart d'heure !
MAURICE. Ça n'est pas du cognac ; c'est de l'huile de ricin de l'eau de javelle, que je lui aurais versé, de quart d'heure en quart d'heure.
CACHALOT. Non ! Titine a rude mérité de la patrie ; il ignore *nos projets dès longtemps conçus par Médicis* ! C'est toujours des *Huguenots*.
BOIT-SANS-EAU. Merci bien !
FOURCHETTE. Mais nous aussi, nous les ignorons, vos projets, et nous voudrions bien savoir ce que ça veut dire.
BOIT-SANS-EAU. Cela veut dire que cet homme appartient à notre justice.
BOUFFE-TOUJOURS. Et qu'il va se passer ici un mélodrame atroce.
FOURCHETTE. Un mélodrame atroce comme à la Gaîté !...
BOUFFE-TOUJOURS. Oui !
FOURCHETTE. Ah ! pas de bêtises !.. Vous me donnez la chair de poule... et si j'avais su, je ne serais pas venue ; je vous avertis que je

m'évanouis dès que je vois faire du mal aux bêtes!... C'est plus fort que moi.
BOIT-SANS-EAU. Tranquillisez-vous, jeune sensitive. Il ne s'agit quant à présent que d'empêcher la fuite de notre prisonnier... chut!... Le voici qui se réveille...
PAPAVERT, *son habit est fripé, sa cravate défaite, les cheveux en désordre.* Oh! la la la!... J'ai bien mal aux cheveux! Ah! grand Dieu! où suis-je?...
CRIQUET, *s'approchant.* A Bougival! monsieur!...
PAPAVERT. A Bougival! bonté du ciel! Bougival! Flibochon!... ma dot!... mon contrat! Ah! courons!...
BOIT-SANS-EAU, *l'arrêtant.* Un instant, jeune homme... Tu ne peux te présenter dans cet état avec cet œil hagard et ce poil hérissé!..
PAPAVERT, *sans l'écouter.* Que s'est il donc passé cette nuit? Zizine!...
FOURCHETTE. Du cognac!
BOIT-SANS-EAU. A votre tour, Fourchette, et de l'éloquence pour le retenir ici....
FOURCHETTE, *s'approchant de Papavert.* Tu m'as appelé, beau jeune homme, me voici.
PAPAVERT. Je vous ai appelé! moi! non! (*la reconnaissant.*) Ah! mon Dieu!... hier au soir... oui! c'est bien ça!... sous le pont Louis-Philippe! — Non d'un petit bonhomme!... Je me souviens... on m'a enlevé...
FOURCHETTE. Dame... les beaux hommes deviennent rares... on se les arrache...
PAPAVERT, *heureux.* Femme charmante!... Ah! c'est très-aimable!.. C'est même très .. (*changeant de ton.*) Je vaux bien ça... (*Se rappelant.*) Ah! mais ma dot! cent mille francs! Tu ne vaux pas cent mille francs...
FOURCHETTE. Malhonnête!
PAPAVERT, *la saluant.* Madame... j'ai bien l'honneur...
CACHALOT, *l'arrêtant.* Stop!
PAPAVERT. Hein! Ah! je vous reconnais! vous en étiez aussi de l'enlèvement!... Allons, vous êtes un mauvais plaisant.— Garçon!... un peigne, une brosse, de la pommade, un fer à friser.
BOUFFE-TOUJOURS. A votre place, j'étranglerais une soupe à l'oignon.
LAUDANUM. J'irais faire un somme.
CRIQUET. Voulez-vous que je vous conduise à la chambre rouge?
PAPAVERT. La chambre rouge!.. Oui, il faut me mettre en état de reparaître devant papa Flibochon! Nom d'un petit bonhomme! j'ai bien mal aux cheveux!
(Il fait signe à Criquet et rentre avec lui dans l'auberge. Pendant ce temps, les canotiers et les canotières se sont assis sous la tonnelle. — Bouffe-Toujours joue aux cartes avec Fourchette).

SCÈNE V.

LES MÊMES, *moins* CRIQUET *et* PAPAVERT.

CACHALOT, *chantant.*
Qu'il aille se coucher
Et ronfle très-longtemps!

C'est encore des *Huguenots.*
BOIS-SANS-EAU, *lui serrant la main.* Merci! Eh bien, Maurice?
MAURICE. Eh bien, vous le voyez! je vous laisse faire, et je me croise les bras!... Vous regardant! en vous admirant! oui vous êtes de l'âge d'or, vous autres? vous croyez que c'est assez d'être un homme honnête, d'aimer une femme et d'être aimé d'elle pour pouvoir prétendre à sa main! vous séquestrez mon rival, c'est au mieux! mais ce soir, mais dans une heure, il saura bien se justifier de son absence! Non! j'avais un plan meilleur que le vôtre, moi! je voulais flanquer à l'eau le papa Flibochon pour avoir le bonheur insigne de le sauver comme sa fille! ça eût enrhumé peut être, mais ça l'eût attendri sûrement! — Ou bien encore n'ai-je pas la ressource extrême de tous les amoureux de mélodrame? insulter mon rival, le provoquer! le tuer!
CACHALOT. Bravo! c'est ça! (*Chantant.*)

En mon bon droit j'ai confiance!

BOUFFE-TOUJOURS. Tais toi donc!
CACHALOT. C'est dans les *Huguenots!*
BOIT-SANS-EAU. Ça n'est pas une recommandation auprès du papa!... Tiens, Maurice, laisse nous agir!.. va te promener du côté de la villa Flibochon; peut-être, comme dimanche dernier, apercevras-tu mademoiselle Céline faisant semblant de travailler devant la grille... Fais ton métier d'amoureux et laisse-nous faire notre métier d'amis...
MAURICE. Soit! comme Almaviva, je vais aller chanter sous la fenêtre de Rosine! chanter! si du moins je pouvais lui parler!... Adieu!..

(*Il sort à droite.*)

SCÈNE VI.

LES MÊMES *moins* MAURICE.

BOIT-SANS-EAU. Oh! les amoureux! que c'est gênant. Maintenant à nous autres. Laissons Maurice filer le parfait amour! Le Papavert est dans la souricière, il ne s'enfuira pas!
FOURCHETTE. Lui fuir! il est trop bouché pour cela!
BOIS-SANS-EAU. C'est un mot, messieurs, un mot spirituel de mademoiselle Fourchette!... Mais passons aux choses sérieuses... Ne trouvez-vous pas qu'il fait soif.
TOUS. Oui!... oui!
BOUFFE-TOUJOURS. Ne trouvez-vous pas qu'il fait faim?
FOURCHETTE. Oh! oui! oui!...
CACHALOT. Mille sabords! Eh bien, et ce canot tout pavoisé... Ah çà, oubliez-vous que c'est aujourd'hui la cérémonie du baptême?...
BOIT-SANS-EAU. Justement, on le baptisera avec du vin.
TOUS. Oui, du vin! du vin! du vin!
BOUFFE-TOUJOURS. Avec de l'omelette!
FOURCHETTE. Et des douzaines de sardines!

CHŒUR.

AIR *de Roger-Bontemps.*

Allons! qu'on apporte du vin! (*Bis.*)
Du vin, du vin, jusqu'à demain!
Que toujours le verre soit plein!
Du vin!
Du vin!
Vive ce jus divin!
(*Ils frappent tous sur la table.*)

SCÈNE VII.

LES MÊMES, LA MÈRE LERAT, *entrant avec des bouteilles.*

CRIQUET. Voilà! voilà!

BOIT-SANS-EAU, *s'approchant du canot et levant son verre.*

A toi, gentil canot,
A toi je bois ce verre.
Porte le matelot
Gaîment sur la rivière!
Le marin aime l'eau,
Mais non pas dans son verre.
Gentil canot,
Vogue sur l'eau,
Mais ne nous fais pas boire d'eau.

REPRISE DU CHŒUR.

DEUXIÈME COUPLET.

Aux régates fais-nous
Remporter la victoire ;
Que ce jour pour nous tous
Devienne un jour de gloire ;
Que nos rivaux jaloux
En gardent la mémoire.
Gentil canot,
Comme l'oiseau,
Glisse (*bis*) toujours sur l'eau!

REPRISE DU CHŒUR.

(*Ils dansent en rond.*)

CACHALOT. C'est! pas tout ça, mes petits agneaux ! c'est pas tout ça! Il s'agit de lui trouver un nom à ce canot qui va tout à l'heure nous faire remporter le prix des régates!... Attention! Y êtes-vous?
TOUS. Oui! oui!
CACHALOT. Moi, je propose un beau nom... le Terrible Savoyard. Hein? c'est expressif et distingué?
BOIT-SANS-EAU. Ingrats! Pourquoi pas son ancien nom : Le Lézard!
LAUDANUM. J'en tiens un, moi! Le Nénuphar!
BOUFFE-TOUJOURS. Pouah! c'est bête comme tout, le Nénuphar!
BOUFFE-TOUJOURS. Appelez-le plutôt le Veau qui tette!... le Veau qui tette! voilà un nom qui fait rêver à l'avenir! Hardi! hardi! canotiers! la tête de veau à l'huile l'attend au rivage... Je vote pour le Veau qui tette.
FOURCHETTE. Moi, je propose Turlututu...
TITINE, *chantant.* Chapeau pointu!
BOIT-SANS-EAU. Silence! les femmes! En présence de cette touchante unanimité, passons aux voix. Qu'est-ce qui vote pour le Veau qui tette?
BOUFFE-TOUJOURS. Moi!
BOIT-SANS-EAU. Une voix pour le Veau qui tette... continuons... Cachalot propose...
CACHALOT. Le terrible Savoyard.
BOIT-SANS-EAU. Une voix pour le Terrible Savoyard?... Moi... Qu'est-ce qui vote pour le Lézard... comptons. Une, deux, trois... non, je reste seul avec le Lézard... Enfin, Nénuphar! Eh bien! Laudanum, tu dors?
LAUDANUM. Né-nu-phar!...

TOUS ENSEMBLE.

Sur l'air des lampions.

Nénuphar!
Le Lézard!
Savoyard!
Veau-qui-tette!
Turlututu!

BOIT-SANS-EAU. Silence!

TOUS, *frappant avec leurs verres.*

Savoyard!
Le Lézard!
Veau-qui-tette!
Nénuphar!
Turlututu!

BOIT-SANS-EAU. Silence! silence! Je me couvre!

SCÈNE VIII.

LES MÊMES, MAURICE.

BOIT-SANS-EAU. Tiens! Maurice! déjà revenu! bravo! En qualité de capitaine et de président, tu vas adresser quelques paroles bien senties à l'assemblée!...
MAURICE. Ah! laisse-moi! Vous voulez un nom à ce canot! Appelez-le le Guignon, la Déveine, la Fatalité!... Oui! la Fatalité! car elle s'attache à mes pas!

BOUFFE-TOUJOURS. Encore! conte-nous ça!
BOIT-SANS-EAU. Tu as flanqué le beau-père dans la rivière et tu l'as repêché un quart d'heure trop tard?
MAURICE. Ça n'est pas ça; mais un abîme me sépare de Céline ; une haine féroce, auprès de laquelle la haine des Capulet et des Montaigu n'est que de la Saint-Jean, éloigne votre capitaine du notaire Flibochon. Oui! la vue d'un canotier le fait tomber en syncope! et tout à l'heure, lorsque j'ai voulu m'approcher de sa fille, à travers la grille, ayant aperçu de loin ma vareuse, ce vieillard quinteux et borné a poussé un cri de guerre! il a crié à la garde! au voleur! Vous le voyez, tout est perdu. A moins qu'une fée bienfaisante ne vienne à mon secours, je n'ai rien à espérer... Malheureusement, le temps des fées est passé depuis longtemps!

(A ce moment on voit arriver dans le fond le youyou, monté par le père Bijou, Mariette et Schopp.

SCÈNE IX.

LES MÊMES, LE PÈRE BIJOU, SCHOPP et MARIETTE. (*Mariette au fond du canot et cachée par Schopp.*)

LE PÈRE BIJOU. Arrêtez!
BOIT-SANS-EAU, *étonné*. Tiens! le père Bijou!
LE PÈRE BIJOU. Il vous faut une fée protectrice, dites-vous, qui vienne à votre aide... Cette fée, je vous l'amène.
BOIT-SANS-EAU. Il était une fois...
FOURCHETTE. Un roi et une reine, c'est connu !
LE PÈRE BIJOU. Il était une fois un prince nommé Papavert...
BOIT-SANS-EAU. Comment, vous savez?...
LE PÈRE BIJOU. Lequel était le rival du prince Charmant, ou du prince Maurice si vous aimez mieux...
BOIT-SANS-EAU. Où a-t-il pêché tout cela?
LE PÈRE BIJOU, *continuant*. Le prince Papavert avait appelé, pour vaincre le prince Maurice, trois mauvaises fées, l'égoïsme, la ruse et l'avarice...
CACHALOT. Il raconte bien, le petit vieux.
LE PÈRE BIJOU. Mais, un instant, le prince Maurice n'est pas perdu... il a pour lui deux fées : l'amitié et l'espérance. L'amitié, c'est vous... quant à cette fée, l'espérance, qui délivrera Maurice et qui fera qu'il épousera la princesse Céline, qu'ils seront heureux et auront beaucoup d'enfants... cette fée... eh! mes enfants! c'est la petite fée des eaux, notre protectrice à tous, canotiers et pêcheurs, c'est la petite... reine Mab !
FOURCHETTE. La reine Mab! Bravo! Voilà un joli nom!
CACHALOT. Oh! mais il raconte très-bien, le petit vieux!
BOIT-SANS-EAU. Oui, mais cette reine Mab, où est-elle, la reine Mab ?
LE PÈRE BIJOU, *se retournant vers le youyou*. La reine Mab ! La voilà !...

(Mariette paraît sur le haut du canot. Elle est drapée dans un pavillon et a un costume de fantaisie.)

MAURICE, *étonné*. C'est un vrai conte de fée, tout cela!
FOURCHETTE, *étonnée*. Pas possible ! Mariette !... c'est Mariette !...
LE PÈRE BIJOU, *bas, la retenant*. Chut ! bavarde ! Tu sauras tout plus tard !

LA REINE MAB.

Air d'*Adolphe Dupin*.

C'est moi qui suis la reine du printemps !
La reine Mab, reine de la jeunesse !
J'ai pour l'enfance une douce caresse,
J'ai du bonheur à donner aux amants !
La reine Mab est aussi la princesse
Du petit monde et de la pauvreté,
Ne pouvant pas leur donner la richesse,
Elle leur donne la gaîté!

C'est moi qui viens embellir le grenier ;
C'est moi qui viens faire fleurir la rose
Près du l'hôtel du financier morose;
C'est moi qui fais chanter le savetier.
Lorsque l'hiver, devant le feu qui brille,
Fillette rêve en pensant au plaisir,
Je viens m'asseoir près de toi, jeune fille,
Pour te parler de l'avenir !

Pauvre soldat! craignant le caporal
Quand tu reviens le soir de l'exercice...
Quand tu t'endors à la sall' de police,
Je t'apparais ! te voilà général !
Sylphe léger, je suis la poésie !
Un rien charmant, moins qu'une vision !
Tout ce qu'on aime enfin dans cette vie :
Le rêve, d'or ! L'illusion !

C'est moi qui suis la reine du printemps !
La reine Mab , reine de la jeunesse !
J'ai pour l'enfance une douce caresse,
J'ai du bonheur à donner aux amants.

REPRISE EN CHŒUR.

MAURICE. Eh bien, soit ! charmante petite reine Mab ! je ne sais pas, je ne veux pas savoir qui vous êtes! mais je me mets sous votre protection.
BOIT-SANS-EAU. Alors, va pour la reine Mab !
TOUS. Vive la reine Mab!
BOUFFE TOUJOURS. Oui ! mais enfin quel secours nous apportez-vous?
LA REINE MAB. Espérez et fiez-vous à moi ! Je suis une amie !
FOURCHETTE, *au père Bijou*. Moi, je voudrais pourtant savoir pourquoi...
LE PÈRE BIJOU, *bas*. Chut donc!... Papavert le rival de Maurice est en même temps le traître qui... l'année dernière...
FOURCHETTE, *bas, furieuse*. Ah ! bigre !... les bras m'en tombent !...
LE PÈRE BIJOU, *bas*. Ramassez-les sans faire de bruit... C'est moi, ancien costumier, qui lui ai prêté ce déguisement. Pas un mot! car si le Papavert la reconnait maintenant, tout est perdu; comprenez-vous?
FOURCHETTE, *bas*. Compris! oh ! oui, compris !
LE PÈRE BIJOU. Ainsi, messieurs, vous adoptez la reine Mab pour patronne?
TOUS. Oui ! oui!
FOURCHETTE, *avec enthousiasme*. Certainement ! oui !... pas vrai, mesdames?...
TITINE. Oui ! oui!...
FOURCHETTE. L'heure de la vengeance a sonné!... Sabre de bois!... Saperlipopète!... Nous en sommes, de la vengeance !... Nous en sommes, de la partie!... pas vrai, mesdames!...
BOIT-SANS-EAU. Quel air belliqueux !... Fourchette, allez manger un échaudé, ça calmera vos nerfs!
FOURCHETTE. Mais je ne veux pas les calmer, mes nerfs!... mais je vous dis que je veux suivre la reine Mab, et que je la suivrai ! de la suite, j'en suis!
LA REINE MAB. Et moi aussi, je veux que tu m'accompagnes ! Ainsi, c'est entendu... Fourchette et Schopp seront mes aides de camp...
FOURCHETTE. Porte-drapeau! grosse caisse! sapeur ou tambour-major s'il le faut!...
LA REINE MAB. Vous, messieurs, vous serez...
CACHALOT. Nous serons vos gardes du corps!
TOUS. Oui! oui!
LE PÈRE BIJOU. Vous jurez de suivre ses ordres et de lui obéir ! ..
TOUS. Oui ! oui !

LE PÈRE BIJOU. Alors, vive la reine Mab !
TOUS. Vive la reine Mab!
BOIS-SANS-EAU. Or çà, messieurs, je vous le dis sans fard, c'est à l'instant, ou jamais, de boire à la santé de notre reine!
BOUFFE TOUJOURS, *regardant les bouteilles*. N-i-ni, c'est fini!
BOIT-SANS-EAU Bah! quand il n'y en a plus, il y en a toujours!...
TOUS. C'est ça ! vivat ! Garçon ! du vin !..

SCÈNE X.

LES MÊMES; CRIQUET, *tenant des bouteilles de vin plein les mains, des habits sous son bras et une lettre.*

CRIQUET, *parlant à la cantonade*. Un instant! miséricorde!... Je n'peux pas tout faire à la fois... Du vin à servir... Les habits de ce monsieur à brosser... Une lettre à porter à M. Flibochon!...
SCHOPP, *lui prenant les bouteilles*. Donne!...
CRIQUET. Tiens, au fait, vous avez raison : (*Il lui donne les bouteilles.*) Si par la même occasion vous vouliez brosser ces habits à ma place?
(Il lui met les habits sur les bras et se sauve.)
SCHOPP. Insolent!... Je ne suis pas un brosseur!... (*Jetant les habits.*) Je ne suis pas un porte-manteau !
LE PÈRE BIJOU, *regardant*. Qu'est-ce que c'est que ça! Un gilet blanc?
BOUFFE TOUJOURS, *le prenant*. Le gilet à Papavert !
BOIS-SANS-EAU, *ramassant l'habit*. L'habit noir à Papavert!
SCHOPP, *ramassant le pantalon*. La culotte de Papavert !
CACHALOT. Habit ! veste et culotte ! passez-moi ça ! Je veux me déguiser en homme du monde!
(Il prend le paquet.)
LA REINE MAB. Un instant ! ça m'appartient !
CACHALOT. Mais...
LA REINE MAB. Tu veux déjà me désobéir !!
CACHALOT, *lui offrant le paquet*. Jamais ! grande reine, jamais !
LA REINE MAB, *le prenant*. Bien ! et maintenant! obéissez!

Air *de la Reine de Chypre*.

C'est le gilet d'un traître !
A l'eau !

TOUS.
A l'eau !
(On jette le gilet.)
LA REINE MAB.
Le pantalon d'un rettre !
A l'eau !
TOUS, *même jeu*.
A l'eau!
LA REINE MAB
Pour voir celle qu'il aime,
S'il vient bientôt !
Nous l'enverrons lui-même
A l'eau! (*Bis.*)

REPRISE EN CHŒUR.

BOIT-SANS-EAU. Et maintenant, mes amis, en avant la ronde des Equipiers de la reine Mab !

Air :

En revenant de Bougival en France,
Ten la là !
Voyez là-bas ce canot qui é' balance,
C'est la p'tit' rein' Mab!
Ah !

FOURCHETTE.
Les matelots de ce bel équipage,
Tra la la !
Sont tous les six à la fleur du bel âge,
Amis d'la reio' Mab !
BOUFFE-TOUJOURS.
Pour les aider en amour comme en guerre,
Tra la la !
Ils se sont tous rangés sous la bannière
De la p'tit' reine Mab !
Ah !
CACHALOT.
Des vrais lapins nous sommes les modèles,
Tra la la !
Amis du vin, de la gloire et des belles !
V'nez voir la rein' Mab !
Ah !
SCHOPP.
V'là not' chanson, et si quelqu' imbécile,
Tra la la !
La trouv' mauvais', nous lui fich'rons une pile,
Tout près d' la reine Mab !
Ah !

REPRISE EN CHŒUR.

SCÈNE XI.

LES MÊMES ; PAPAVERT, *paraissant à la fenêtre.*

PAPAVERT, *en chemise.* Garçon ! garçon !
LES FEMMES, *poussant un cri.* Fi ! l'horreur !
(Elles se cachent les yeux.)
PAPAVERT. Ah ! pardon , mesdames... je... Garçon ! mes habits, saperlipopète !... ma culotte ! il faut que je m'habille, que je sorte !... (*Apercevant les canotiers.*) Ah ! c'est vous, farceurs !... faites-moi donc donner ma culotte ! Rendez-moi ma culotte... ou laissez-moi mourir !

BOIT-SANS-EAU.
Quand Papa Pavert mourra,
J'aurai sa culotte et sa veste.
MARIETTE. En chœur ! les canotiers !

CHŒUR.

Quand Papa Pavert mourra,
J'aurai sa culotte de drap !

PAPAVERT. Mais écoutez-moi donc, sapristi !
CRIQUET, *sortant de l'auberge.* Impossible, monsieur, de mettre la main sur votre culotte.
PAPAVERT. Nom d'un p'tit bonhomme ! Une culotte, pour l'amour de Dieu !
BOUFFE-TOUJOURS. Une culotte, voilà !...
(Il prend un pantalon de toile sous la tonnelle.)
SCHOPP. Attrape !
(Il lui jette la culotte par la fenêtre.)
PAPAVERT. Mais c'est un cuissard de canotier ! Jamais !...
FOURCHETTE. Il le mettra !
FIFINE. Il ne le mettra pas !
BOIT-SANS-EAU. Veux-tu une vareuse ?...
PAPAVERT. Je veux ma culotte ! Ô rage ! ô désespoir !... j'irai plutôt dans ce costume !... non !... impossible... Et mon beau-père qui attend !... Ma foi ! tant pis !
SCHOPP, *jetant une vareuse.* Voici la vareuse !
BOIT-SANS-EAU. Et le toquet !
Il lui jette un toquet.
PAPAVERT. Merci bien ! vous êtes trop bon !

mais est-il possible qu'un futur marié se présente ainsi à sa jeune fiancée !
LA REINE MAB. En avant la musique, mes enfants !

CHŒUR.

Quand Papa Pavert mourra,
J'aurai sa culotte et sa veste ;
Quand Papa Pavert mourra,
J'aurai sa culotte de drap !

Papavert ahuri ferme sa fenêtre.

FOURCHETTE. Bravo ! mais ça n'est pas assez ! Je voudrais lui accrocher une casserole dans le dos : je voudrais faire aboyer après lui tous les chiens du département ! (*A ce moment on entend un roulement de tambour.*) Qu'est-ce que c'est que ça ?
BOIT-SANS-EAU. Le défilé des joutes et des régates ! A vos instruments et en place pour le concert.
LA REINE MAB. Laudanum, en faction à cette porte. Je te confie notre homme.

SCÈNE XII.

LES JOUTEURS *entrent et se rangent au fond.* BOIT-SANS-EAU *a un tambour de basque,* CACHALOT *une grosse caisse,* BOUFFE-TOUJOURS *une guitare,* SCHOPP *un triangle,* FOURCHETTE *un chapeau chinois,* FIFINE *un violon ;* LA REINE MAB, BIJOU *et* MAURICE *se tiennent dans le canot. Un roulement de tambour.*

BOIT-SANS-EAU. Canotiers !... canotières !... c'est un usage antique et solennel, ainsi que vous le savez, de porter sur le pavois, dans cette profession, celui d'entre nous que sa renommée et sa réputation ont fait proclamer le plus digne... Je vous en signale un, moi ; un intrépide canotier qui, dans l'univers et dans mille autres lieux que ses qualités et son audace ont fait surnommer le Loup de mer !
TOUS. Le Loup de mer !
LA REINE MAB. Le Loup de mer. Il est venu aujourd'hui à cette fête, voulant abriter sa gloire et son nom sous un modeste incognito. Arrachons-lui son faux nez par des cris d'amour et d'enthousiasme.
TOUS. Oui ! oui ! c'est cela ! Vive le Loup de mer !...

SCÈNE XIII.

LES MÊMES, PAPAVERT, *vêtu d'un costume impossible.*

PAPAVERT. Pardon, messieurs... je...
LA REINE MAB, *faisant un signe.* Enlevez !...
(Laudanum l'enlève sur ses épaules et le garde ainsi jusqu'au baisser du rideau.)
PAPAVERT. Hein ! qu'est-ce que c'est que ça ?
TOUS. Vive notre roi ! vive le Loup de mer !

AIR de *Bataclan.* (Bouffes-Parisiens.)

BOIT-SANS-EAU.
Équipiers ! canotiers d' la Seine !
CACHALOT, *accompagnant de grosse caisse.*
Dzing la la boum !
BOIT-SANS-EAU.
Vive ce vaillant capitaine !
CACHALOT.
Dzing la la boum !
BOIT-SANS-EAU, *offrant un verre à Papavert.*
Loup de mer ! ô toi l'intrépide,
Prends cette coupe de mes mains.

SCHOPP.
Tra ta ta ta !
(*Papavert se défend. Laudanum qui le porte sur ses épaules, le secoue.*)

" CHŒUR.

Avec accompagnement des instruments.

Il boira !
Ou bien il chavirera !
Il boira !
(*Papavert se décide à boire.*)

REPRISE DU CHŒUR DE BATACLAN.

(Cortège triomphal. — Papavert se démène et gesticule. — Ses cris sont couverts par les cris d'enthousiasme.)

Troisième tableau.

Une place de Bougival illuminée en verres et lanternes de couleur. — Au premier plan de gauche, le bal Morel. — Au fond à droite des arbres, table et tabourets devant l'entrée du bal. — Au lever du rideau, on finit un galop.

SCÈNE PREMIÈRE.

Divertissement. — Danse des jouteurs. — Boit-sans-eau entre avec Fourchette.)

CACHALOT. Un instant, mes amis, permettez au signor Boit-sans-Eaucini et à la signora Fourchettina d'exécuter devant vous le pas de la Méduse, célèbre danse inédite d'un illustre compositeur inconnu ; allez-y Fourchette, et déployez vos talents !
(Boit-sans-eau et Fourchette dansent un pas, ensuite un divertissement par les jouteurs et les canotiers. Après la danse, chacun se disperse sous les arbres.)

SCÈNE II.

SCHOPP, FOURCHETTE.

FOURCHETTE, *allant s'asseoir à une table.* Garçon, de la bière ! des échaudés ! des croquets ! je tombe en pamoison.
SCHOPP, *gracieusement.* Et c'est moi qui régale, si vous le permettez !
FOURCHETTE. Pour vous obéir, monsieur : c'est que, voyez-vous ? ce petit tour de plaisir, ça m'a donné une soif !... (*Elle boit et met les croquets dans sa poche.*) Maintenant, adieu, petit ! (*Avec intention.*) Je vous remercie. Vous êtes bien aimable ; je ne vous retiens pas.
SCHOPP, *même jeu.* Pardon, c'est moi qui... au contraire... ne vous retiens pas.
FOURCHETTE, Un instant ! moi j'ai affaire ici.
SCHOPP. Et moi, aussi.
FOURCHETTE. A neuf heures.
SCHOPP. Et moi, itou.
FOURCHETTE. Avec la reine Mab.
SCHOPP. Moi, avec le père Bijou...
FOURCHETTE. C'est une conférence.
SCHOPP. Moi, c'est un conseil de guerre...
FOURCHETTE. Ah ! vous en faites partie, alors vous n'êtes pas de trop... Asseyez-vous donc, je vous prie.
SCHOPP. Asseyez-vous donc, je vous prie, devant ces croquets !... pour vous rafraîchir
FOURCHETTE. Ce n'est pas de refus... (*Regardant.*) J'aperçois la reine Mab.
SCHOPP. Avec le père Bijou.

SCENE III.

LES MÊMES, LA REINE MAB, LE PÈRE BIJOU.

LE PÈRE BIJOU, *à la reine Mab*. Quand je vous disais que ça mordrait. Vous voyez bien... Eh mais, voilà vos deux aides de camps exacts au rendez-vous !...

SCHOPP. Neuf heure ! heure militaire !

LA REINE MAB. Merci ! mes chers amis ! je vous ai convoqués pour vous faire part d'une grande détermination.

FOURCHETTE. A la bonne heure ! voilà comment j'aime à te voir ; au lieu de pleurer et de te désoler, tu as eu du courage. — Tu réussiras.

SCHOPP. *Audaces fortuna juvat!* comme on dit au collège... les audacieux font fortune à Java.

LA REINE MAB. Oui, mais ce n'est pas à Java que je veux aller, c'est... écoutez. Onésyme ne m'a pas reconnue sous le costume de la reine Mab, — c'est l'essentiel. — Enlevé, porté en triomphe par les canotiers, obligé de trinquer avec eux, nous en avons été maîtres jusqu'à présent ; je veux maintenant, pour l'éloigner de son beau père, lui faire faire un voyage au long cours.

SCHOPP. L'envoyer aux Canaries !

FOURCHETTE. La patrie des canaris ?

LA REINE MAB. Non, (*avec intention*) plus près, à Villerville, près Pont-de-l'Arche.

FOURCHETTE. Chez madame Coquelicot ?

MARIETTE. Précisément... je veux l'entraîner endormi, abruti, anéanti.

FOURCHETTE. Le mettre en face de son crime ?

LA REINE MAB. Pour cela, il me faut votre appui.

SCHOPP. Appuyez-vous ! appuyez-vous, grande reine.

LE PÈRE BIJOU. Le bateau à vapeur de Paris à Rouen va passer ici dans une heure, notre canot est sur la berge ? es-tu adroit ?

SCHOPP. Comme un singe.

LE PÈRE BIJOU. Magnifique. As-tu une corde longue et solide ?

SCHOPP. Oui, dans le canot.

LE PÈRE BIJOU. Eh bien, le mieux en mieux... eh bien ! il faut nous accrocher au bateau à vapeur et nous faire traîner à la remorque.

SCHOPP. Compris.

LE PÈRE BIJOU, *à Fourchette*. Quant à vous, comme un marin ne s'embarque jamais sans biscuit, vous êtes chargée d'en acheter une douzaine pour nourrir la flotte pendant le voyage.

FOURCHETTE. J'y cours... Mais vous, est-ce que vous ne nous accompagnez pas.

LE PÈRE BIJOU. Moi, non, je reste ici avec Maurice ; le père Flibochon est un pêcheur comme moi, je vais pêcher le pêcheur.

MARIETTE. On vient de ce côté... éloignons-nous... seulement, quand le moment sera venu, soyez exacts et répondez à l'appel.

SCÈNE IV.

FLIBOCHON, *entrant avec sa fille.*

FLIBOCHON. Passe, Céline ! passe, mon enfant ! (*Céline veut se diriger vers le bal.*) Eh bien, où vas-tu ?

CÉLINE. Voir le bal, papa !...

FLIBOCHON. Du tout ! Je ne t'ai pas amenée ici pour t'amuser. Je t'ai amenée pour que tu m'accompagnasses, et j'ai voulu que tu m'accompagnasses, afin de ne pas te laisser seule... maintenant, pourquoi suis-je venu ? vas-tu dire à ton père. — Ton père est venu parce que ton père est maire, c'es-t-à-dire maire en l'absence du maire, étant son adjoint, et qu'il entre dans les fonctions dont je suis investi de surveiller les bonnes mœurs de ce bal. — Maintenant assieds-toi à cette table. (*Appelant*) Garçon !..

(Ils s'asseyent à une table.)

LE GARÇON. Monsieur a appelé.

FLIBOCHON. En effet, — je désirerais quelque chose d'onctueux.

LE GARÇON. Anisette, vespétro, absinthe suisse ?...

FLIBOCHON. Non, je préférerais un verre d'eau sucrée ou un verre d'orgat.

LE GARÇON. Bon !

(Il sort.)

FLIBOCHON, *à Céline*. Tu prendras bien un verre d'orgeat, l'orgeat est une liqueur honnête qui ne porte pas au cerveau, un père en permettra la lecture à sa fille. (*Regardant Céline*) Préférerais-tu la limonade ou le soda water...

CÉLINE. Oh ! que m'importe !...

FLIBOCHON. Quel découragement !... Papavert ! toujours Papavert, n'est-ce pas encore un nouveau mystère ? il m'écrit.... de l'auberge de la mère Lerat, et puis crac ! disparu ! j'envoie Jacques, mon cocher, à sa recherche, Jacques ne revient pas. J'envoie Pierre mon cuisinier, à la recherche de Jacques. Pierre, ne revient pas. Enfin j'envoie Jean à la recherche de Pierre et de Jacques et il les trouve ivres tous deux, en compagnie d'un petit mousse, — qui leur payait à boire ; — il fut impossible de leur arracher une parole... ils étaient gris... comme mes cheveux !... Je les ai expulsés, mais ça n'a pas éclairé mon esprit touchant Papavert ! (*S'interrompant*.) Ah ! ça, le garçon ne revient pas non plus... (*Appelant*.) Garçon !... (*Se levant*.) Il n'y a pas moyen de se faire servir... Attends, ma fille : je vais moi-même appeler le garçon. — Dans les cohues et les bals, le meilleur moyen de se faire servir est de se servir soi-même...

CÉLINE. Le buffet est de ce côté !

FLIBOCHON, *se dirigeant à gauche*. Fort bien ! attends ici !

(Il s'éloigne en disant : garçon !)

SCÈNE V.

CÉLINE, *puis* **LA REINE MAB.**

CÉLINE, *seule*. Papavert ! toujours ce monsieur Papavert ! et pourquoi ça ? parce que ce monsieur doit être notaire un jour... et ce jeune homme qui m'aime lui, et que j'aime aussi, il faudra l'oublier ! Ah ! c'est affreux !... l'oublier, je ne le pourrai jamais ! mais que faire ! papa ne veut rien entendre ! d'ailleurs c'est toujours à lui de parler ! comme ça il a toujours raison ! ah ! qui viendra à mon secours !

LA REINE MAB, *paraissant au fond*. Moi !

CÉLINE, *étonnée*. Une femme... Qui êtes-vous, madame ?...

LA REINE MAB. Qui je suis ? la reine Mab !... une fée... une bohémienne, tout ce que vous voudrez, je dis la bonne aventure... Vous en doutez, écoutez :

AIR : *La bonne aventure*

Vous aimez un canotier !
  La bonne aventure !
Mais l'on veut vous marier,
  La triste aventure !
      (*Geste de Céline.*)
L'on n'aime que votre argent,
L'autre vous aime ardemment,
  La bonne aventure,
  O gué !
  La bonne aventure !

CÉLINE, *interdite*. En effet, mais comment avez-vous pu savoir...

LA REINE MAB.
Vous doutez de mon pouvoir ?
Eh bien, je le jure,
Je prétends vous faire voir
Ici sa figure,
      (*Avec finesse.*)

Je veux vous montrer, oui dà,
  Ce canotier...
      (*Tirant le rideau qui ferme l'entrée du bal.*)
  Le voilà.
      (*Maurice paraît, elle le prend par la main.*)
  La bonne aventure,
  O gué !
  La bonne aventure !

ENSEMBLE.

  La bonne aventure,
  O gué !
  La bonne aventure !

SCÈNE VI.

CÉLINE, MAURICE, LA REINE MAB.

LA REINE MAB. Eh bien !

MAURICE, *avec amour*. Céline... je vous revois...

CÉLINE, *timidement*. Monsieur Maurice, croyez bien... (*Regardant à gauche*). Oh ! mon Dieu ! voici mon père !... éloignez-vous !... je vous en prie !..

MAURICE. Cependant...

LA REINE MAB, *passant entre eux deux*. Attendez !

SCÈNE VII.

LES MÊMES, FLIBOCHON, *entrant avec une carafe.*

FLIBOCHON. Voilà, j'ai pris cette carafe à l'assaut, et... (*Apercevant la reine Mab et Maurice*). Oh ! ventre de loup ! qu'est-ce que je vois ? (*Reconnaissant Céline*). Ma fille ! entre une saltimbanque et un canotier !...

MAURICE. Monsieur...

CÉLINE. Papa !

FLIBOCHON. Non, il n'y a pas de papa ! (*Avec humeur, saluant Maurice*). Monsieur, j'ai bien l'honneur de vous prier de...

CÉLINE. Mais, papa, ce jeune homme, vous ne le reconnaissez pas... c'est celui qui m'a sauvé la vie, il y a quinze jours.

FLIBOCHON, *gêné*. Hé !

CÉLINE. Et aujourd'hui même, vous m'aviez promis, si nous le rencontriez, de lui témoigner votre reconnaissance...

FLIBOCHON, *gêné*. C'est bon ! c'est bon !

MAURICE. Non, monsieur ; c'est moi qui remercie le hasard de m'avoir procuré l'occasion de vous rendre service.

FLIBOCHON. En effet, monsieur ! je ne puis dissimuler que... à défaut de terre-neuve, vous m'avez été de quelque utilité !...

CÉLINE, *avec reproche*. Ah ! mon père, est-ce ainsi que vous m'aviez promis que vous le récompenseriez ?...

FLIBOCHON. Laisse donc... laisse moi faire... (*A Maurice*) Ainsi, monsieur, comme n'aime devoir rien à personne et que toute peine mérite salaire, je vous prie d'accepter...

MAURICE, *se confondant*. Monsieur...

FLIBOCHON. Ces vingt-cinq francs, de prime, qui vous reviennent.

(Il lui tend l'argent. Maurice reste stupéfait.)

CÉLINE. Y pensez-vous, mon père ?

FLIBOCHON. Je connais le tarif, ma fille !

MAURICE, *revenu de sa stupéfaction, amèrement*. Merci, monsieur, vous êtes vraiment, trop généreux.

FLIBOCHON. Comment ?

CÉLINE. Oh ! monsieur Maurice, pardonnez à mon père.

FLIBOCHON. Me pardonner ? pourquoi !

CÉLINE. Et soyez certain que moi, je ne vous oublierai pas, et que je conserverai pour vous, dans mon cœur, la reconnaissance et...

FLIBOCHON, *irrité*. Assez, ventre de loup !

LES CANOTIERS DE LA SEINE.

assez... Ces discours sont hors de saison... Au lieu de songer à avoir dans votre cœur un tas de choses charmantes, mais déplacées, pensez que, sous peu, vous allez devenir madame Papavert. Ah! que ce vertueux Papavert ignore à tout jamais qu'on vous a vue causant au bal entre un canotier et une...

LA REINE MAB. Une bohémienne, une fée, une sorcière! oui, monsieur Flibochon.

FLIBOCHON. Tiens, vous savez mon nom.

LA REINE MAB.

Vénérable Flibochon
Ici je l'assure,
Vous n'êtes qu'un... cornichon,
Sans vous faire injure!...
Votre gendre n'est qu'un gueux...

FLIBOCHON. Hein!

LA REINE MAB.

Père d'un petit morveux!

FLIBOCHON. O ciel!

LA REINE MAB, *à part*. Non pas au ciel!... en nourrice!

La bonne aventure,
O gué!
La bonne aventure!

FLIBOCHON. Calomnie! Ce n'est pas un notaire que l'on trompe ainsi... par des mensonges dignes de la correctionnelle!... Céline, ma fille, sortons d'ici... sortons!

LA REINE MAB. Un instant!

Vous doutez de mon pouvoir,
Mais, je vous le jure,
Ici je vous ferai voir
Sa noble figure.
Je veux vous montrer oui dà
Votre gendre...

(Elle tire le rideau de gauche. — On voit Papavert complètement ivre. Son costume est débraillé.)

LA REINE MAB, *finissant l'air*.
Le voilà!

FLIBOCHON. Miséricorde!

LA REINE MAB.

La bonne aventure,
O gué!
La bonne aventure.

SCENE VIII.

LES MÊMES, PAPAVERT, LES CANOTIERS.

PAPAVERT, *ivre et chantant*.

Nous étions trois canotiers (*bis*.)

FLIBOCHON. Est-il possible! dois-je en croire les verres de mes lunettes! est-ce vous Papavert, répondez?

PAPAVERT.

Qui voulions nous amuser. (*bis*.)

FLIBOCHON. Ecoutez-donc! je suis Flibochon!

PAPAVERT, *chantant*.
Nous faut du vin! nous faut du vin

FLIBOCHON. Flibochon! votre futur beau-père!

PAPAVERT, *chantant*.
Du vin nous faut!

FLIBOCHON, *furieux*. Ce n'est pas du vin qu'il lui faut! C'est du thé.

PAPAVERT. Du thé! qu'est-ce qui dit du thé! plutôt du gin! du gin! en avant la musique!
(Il veut danser.)

Follichons et follichonnettes,
Dansons et follichonnons!

FLIBOCHON, *ouvrant son parapluie*. Arrière! arrière! ferme les yeux, Céline! ferme les yeux! M. Papavert... une telle conduite!... veuillez m'expliquer...

PAPAVERT. Turlututu! en avant les flambards! en avant les follichons!
(Il veut l'enlacer. Flibochon le repousse).

FLIBOCHON. Ah! c'en est trop! Viens, Céline!... sortons! ah! j'en ferai une maladie de peau!... c'est bien sûr!... j'ai le vertige!

MAURICE. Si vous désirez, monsieur, que je vous reconduise jusqu'à votre porte.

FLIBOCHON. Arrière, pirate, corsaire! arrière ou je t'assassine!... avec mon parapluie.

ENSEMBLE.

CHŒUR. *Anathème de la Juive*.

Vengeance et sacrilége,
Ah! la fureur m'assiége!
Quel spectacle odieux
A souillé mes deux yeux!
Je le dis ici même,
Sur eux tous, anathème,
Anathème sur eux!
(*Il sort entraînant Céline après lui*.)

SCENE IX.

LES CANOTIERS, LA REINE MAB, PAPAVERT *s'est endormi sur une chaise*.

MAURICE, *à la reine Mab*. Vous le voyez, elle est partie... est-ce ainsi que vous venez à mon secours?

LA REINE MAB. Des reproches... Ah! ce n'est pas généreux!... lorsque... tenez, voyez votre rival!... dort-il d'un sommeil assez paisible!

MAURICE. Mais enfin, que prétendez-vous faire?

LA REINE MAB. Oh! ceci, c'est mon secret... Du reste, en travaillant pour vous, ne puis-je pas aussi travailler un peu pour mon compte!

MAURICE. Cependant...

LA REINE MAB. Il me reste un dernier coup à frapper!... il réussira, j'en suis certaine. (*Appelant*.) Hola! mes fidèles! (*Tout le monde paraît*). Qu'on enlève le Papavert ci-présent, sans troubler son sommeil!

(Musique à l'orchestre. — Les canotiers entourent la chaise sur laquelle Papavert s'est endormi et la soulèvent.)

LA REINE MAB. Et maintenant, en Normandie!

TOUS. En Normandie!

(On enlève Papavert.)

Quatrième tableau.

VOYAGE AU LONG COURS.

La scène représente l'intérieur d'une ferme normande. — Au fond, au milieu, porte d'entrée donnant dans le verger. — A droite de la porte, une fenêtre laissant apercevoir le jardin. — A gauche, au fond, un lit garni de rideaux. — A gauche, premier plan, une porte. — A droite second plan, une porte. — Dans la chambre, une table, chaises, etc.

SCÈNE PREMIÈRE.

COQUELICOT, VERJUS.

Au lever du rideau, Coquelicot et Verjus sont assis près de la table, devant un déjeuner et un pichet de cidre.

ENSEMBLE.

AIR : *L'amour, qué qu' c'est qu' ça?*

A ta santé, mon compère,
A ta bonn' santé,
A ta santé, je bois ce verre,
Trinquons et buvons, mon compère,
A notre amitié!

COQUELICOT.

Je puis te l' certifier,
C'est rempli de délice
Qu' d'êtr' mari d'un' nourrice,
Et d'être père nourricier. (*bis*.)
Si, pendant la semaine,
La femme soign' l'enfant.
C'est l' mari pour la peine,
Qui touche et boit l'argent,

REPRISE.

A ta santé, etc.

VERJUS. Le fait est, Coquelicot, qu't'est un gars qu'a d'la chance et qu't'as trouvé là une femme solide et qui rapporte.... Mais ça paie-t-il bien au moins, ces bourgeois de Paris?.. car ils sont si avaricieux envers le pauvre monde, envers nous autres, pauvres paysans!.. et dame!.. c'est qu'il y a loin d'ici Pont-de-l'Arche à Paris pour aller courir après son argent... quarante lieues de pays.

COQUELICOT. Tu n'as pas la moindre éducation Verjus... Il y avait bien quarante lieux autrefois... mais d'puis que qu'temps la distance s'a raccourcie.

VERJUS. Ça s'est rétréci comme qui dirait un vieux bas!

COQUELICOT. Certainement d'puis que la vapeur passe par ici.

VERJUS. La locomotive.

COQUELICOT. Oui, au lieu de dix heures, on met pus qu'quatre heures... n'est-ce pas qu'c'est raccourci.

VERJUS. Oui, mais par la rivière! par le bateau à vapeur!

COQUELICOT. Oh! là! ça n'a pas été changé .. c'est pus loin pour aller qu'pour rev'nir..

VERJUS. C'est drôle tout d'même.

COQUELICOT. Mais c'est comme ça; pour en revenir aux bourgeois, tous les mois, vois-tu? ça m'arrive par la poste comme ça vient d'm'arriver tout à l'heure... (*Tirant la lettre*.) « A madame Coquelicot, à Villerville, près Pont-de-l'Arche. Ayez bien soin de mon enfant, ma chère madame... et patati et patata! signé: Mariette. » (*Tapant sur son gousset*.) Et v'là les monacos! A ta santé. et à not'bonne amitié, m'na mi!

VERJUS, *avec enthousiasme*. Ah! Coquelicot! m'nami! j'crois que jaurai comme toi la vocation d'être père nourricier.!

SCÈNE II.

LES MÊMES, JACQUELINE.

JACQUELINE, *effarée*. Coquelicot! mon homme!.. ah!

COQUELICOT. Quoi qu'il y a?.. Jacqueline! t'as la figure à l'envers!... est-il arrivé qué qu' malheur au petit?

JACQUELINE, *essouflée*. Oh! non, ça n'est pas ça... c'est bien autre chose.

COQUELICOT. Quoi! alors! quoi! jarniguoi!

JACQUELINE. Je les ai vus, de mes yeux, vus!

VERJUS. Mais quoi? qui! madame Coquelicot..
JACQUELINE. Ils sont une vingtaine, tous habillés de vareuses. Des voleurs! des brigands, bien sûr!
COQUELICOT, ému. Des voleurs!
VERJUS. Des brigands!
JACQUELINE. Oui... ils étaient dans un bateau accroché derrière le bateau à vapeur... Quand le bateau à vapeur a passé d'vant par cheux nous, crac! ils ont coupé la corde; ils ont ramé vers la terre et sont venus sur la berge de l'eau... alors, ils sont sortis tout doucettement du bateau!.. mais j'les ont vus, cachée que j'étais derrière les pommiers! Finalement ils ont escaladé la haie à Jean Claude. Ah! Coquelicot! Coquelicot! mon homme! défends-moi!... Vous me défendrez aussi, monsieur Verjus...
VERJUS, tremblant. Certainement, madame Coquelicot.
COQUELICOT, *qui a été à la fenêtre*. Oh! doux saint! mon patron! ils enjambent notre haie!.. ils sont dans le jardin!.. il glanent nos pommiers! C'est la fin du monde! J'suis pillé!
VERJUS. Allons chercher les gendarmes!

(Ils se sauvent tous deux).

SCÈNE III.

JACQUELINE, *puis* SCHOPP, FOURCHETTE, ZIZINE, TITINE, BOIT-SANS-EAU.

ENSEMBLE.

AIR : *L'hospitalité (comte Ory).*

Noble compagnie,
Daignez, je vous prie,
M'ouïr avec bonté :
Belle et forte dame,
De vous je réclame
L'hospitalité. (*Bis.*)

JACQUELINE, *à genoux*. Grâce! mes bons messieurs! grâce!

SCÈNE IV.

BOIT-SANS-EAU, CACHALOT, BOUFFE-TOUJOURS, LAUDANUM, FOURCHETTE, SCHOPP, TITINE, ZIZINE, LA REINE MAB.

(L'orchestre joue l'air de la Reine Mab.)

LAUDANUM, *entre en traînant une brouette dans laquelle est Papavert*. Où faut-il déposer l'objet?
LA REINE MAB, *lui montrant le lit*. Là!

Ils enl'èvent alors doucement Papavert et le couchent mollement dans le lit; pendant toute cette scène muette, l'orchestre a joué en sourdine. — Jacqueline stupéfaite regarde sans pouvoir parler; mais quand elle voit Papavert qu'on couche dans le lit, elle ne peut s'empêcher de faire un pas en avant et s'écriant :

JACQUELINE. Dans mon lit!... dans le lit à Coquelicot! Oh! c'est trop fort!
LA REINE MAB, *découvrant son visage devant Jacqueline*. Vous ne me reconnaissez donc pas, nourrice?
JACQUELINE. Madame Mariette!... C'est-y possible!
MARIETTE. Et ces messieurs sont mes amis!
JACQUELINE, *étonnée*. Ces messieurs!... mais celui-ci?..
MARIETTE, *avec hésitation*. Chut! il dort!... c'est...
FOURCHETTE. C'est... son mari! parbleu!
JACQUELINE. Votre mari!... le père du petit?
MARIETTE. Oui.
CACHALOT. Et nous sommes les amis.

BOUFFE-TOUJOURS. Qui avons faim!... bien faim!
BOIT-SANS-EAU. Qui avons soif! ainsi que ces dames, nos épouses fidèles! (*A Fourchette.*) Pas vrai, madame?
FOURCHETTE. Oui! ça me tire dans l'estomac!
BOIT-SANS-EAU, *avec indignation*. Quel style! de la tenue, Fourchette, dans le monde! de la tenue, ou je divorce!... vous avez à vous seule dévoré toutes les provisions de la flotte!
FOURCHETTE. Une malheureuse douzaine de biscuits! parlons-en! c'est bien lourd!
SCHOPP. Et si un verre de n'importe quoi peut vous être agréable, nous l'accepterions avec ivresse.
JACQUELINE. Un verre de cidre! mais certainement! des amis de la mère de mon nourrisson! Ah! si mon homme avait su ça, il ne se serait pas ensauvé comme il l'a fait! Tenez! il y a là, dans cette chambre, des pichets de cidre, buvez-en à discrétion!
BOIT-SANS-EAU. Ne craignez rien, nourrice, nous saurons boire, quant à la discrétion, nous saurons en manquer.
FOURCHETTE. Mais n'y aurait-il pas aussi une salade de chicorée?
TITINE. Avec un œuf dur?
FOURCHETTE. Et du veau?
TITINE. Aux carottes?
BOUFFE-TOUJOURS. Avec un homard?
JACQUELINE, *indiquant la gauche*. Dame! voyez voir, là, dans l'office!
LAUDANUM, *à Cachalot*. Mais qui paiera tout ça?
CACHALOT. Lui! parbleu! notre ami!
FOURCHETTE. Le mari! l'heureux époux!
SCHOPP. Le papa du moutard!
BOIT-SANS-EAU. Car, je ne vous dissimulerai pas, nourrice, que notre ami est magnanime, généreux, et qu'il paie comme un prince!...
JACQUELINE. Ah! mon Dieu! si mon homme avait su!... Allez, mes bons messieurs! allez!
MARIETTE. Quant à vous, Jacqueline, menez-moi près de l'enfant, il faut que je vous parle.
JACQUELINE. Venez, madame Mariette! c'est par ici!..
MARIETTE. A bientôt, mes amis!
SCHOPP. Et nous!... à la cambuse.

ENSEMBLE.

AIR : *Hervé — parle de l'Andalousie.*

Ah! c'est un pays charmant
Et galant, vraiment,
Que la Normandie.
On vous offre poliment
Table, logement
Et rafraîchiss'ment!

(Ils sortent à droite, Mariette et Jacqueline à gauche.)

SCÈNE V.

PAPAVERT, *puis* MARIETTE *et* JACQUELINE.

Papavert seul endormi, il ronfle, l'orchestre joue l'air de : *Dormez, mes chères amours.* Mariette entrant avec Jacqueline. — Jacqueline tient l'enfant dans ses bras. — Elles sortent doucement sur la pointe du pied et se dirigent vers le lit de Papavert.

(Jacqueline dépose l'enfant dans le berceau et toutes deux sortent sur la pointe du pied pendant que l'orchestre finit la ritournelle.)

SCÈNE VI.

PAPAVERT, *seul, dormant.*

Hum! Laissez-moi!... papa Flibochon! vous m'ennuyez!... nous faut du vin!... nous faut du vin!... ah! j'ai soif! j'ai soif! (*Il se réveille tout à fait.*) J'ai soif!... (*Il ouvre les yeux et regarde dans la chambre.*) Hein! qu'est-ce que c'est que ça? ça n'est pas ma chambre!... (*Il s'assied sur son séant.*) Non! ça n'est pas ma chambre! (*Avec force.*) Est-ce que serais déménagé sans m'en douter? Est-ce que c'est moi qui déménage?... mais les fenêtres de ma chambre donnent sur la rue aux Ours et je saurai bien... (*Il va à la fenêtre.*) Des arbres? des poulets! des poulets! des dindons! Ah! ça ne peut pas être la rue aux Ours!

AIR *de Juin.*

Paris se change et se métamorphose,
Vous le quittez ! vous revenez plus tard.
Où vous logiez vous trouvez autre chose :
C'est une rue ou bien un boulevard...
Mais cependant il se passe un mystère
Qui vient troubler ma jugeotte et mes yeux.
La rue aux Ours ! en un jour, c'est affreux!
A des dindons pour locataires.
J'ai des navets et des choux sous les yeux,
J'ai des dindons pour locataires!!!

Ah! c'est impossible!... c'est un cauchemar! Je rêve!... mais non!... je ne rêve pas!... ce costume! ces bottes!... (*Boitant.*) qu'il n'est impossible de retirer!... ce bal! ces canotiers... où suis-je? (*Se tapant la tête.*) Ah! je roule à grande vitesse sur la montagne russe de Charenton! (*Criant.*) Au secours!... un cabanon! une douche! je suis fou!... (*A ce moment l'enfant crie.*) Hein! ces vagissements! qu'est-ce que c'est que ça? (*Allant au berceau.*) Un enfant! (*S'arrêtant comme frappé d'une idée.*) Serais-je somnambule! me serais-je introduit comme un voleur dans un paisible intérieur... si l'on m'empoignait... (*L'enfant crie.*) Veux-tu te taire? (*L'enfant crie toujours.*) Il crie : Veux-tu te taire?... tiens, il a peut-être envie d'être bercé! (*Il le prend.*) Tais-toi, je vais te bercer!... dodo! l'enfant do! (*L'enfant crie.*) Ça n'est pas encore ça! mais qu'est-ce que tu veux, petit monstre, qu'est-ce que tu veux?

AIR : *Je n'ai pas vu ces bosquets de lauriers.*

Je pourrais bien encor l'emmailloter,
Je pouce encor lui servir de nourrice...
Dans son berceau je puis le dorloter?
C'est là, je crois, que finit mon service.
(*L'enfant crie.*)
Grand Dieu! peut-être il demande à téter!
(*Avec désespoir.*)
Je ne sais plus à quel sein me vouer!

Ah! je sais ce que c'est... (*Il fait signe que l'enfant éprouve un besoin pressant.*) Oh! fichtre! on vient! cachons-nous! (*Il s'assied sur le lit et ferme les rideaux.*)

SCÈNE VII.

PAPAVERT, COQUELICOT.

COQUELICOT, *armé d'une fourche*. Restez là, les amis! Restez là! je suis brave, moi!
PAPAVERT. Il est armé! je suis perdu!
COQUELICOT, *regardant*. Ils ont disparu!... ils ont bien fait de disparaître!... sans cela! je, les aurais enfourchés...
(Il donne un coup de fourche dans les rideaux du lit.)
PAPAVERT, *cachés*. Oh!
COQUELICOT. Ah! (*Il va à l'alcôve et ouvre les rideaux.*) Dans mon lit! dans mes draps, dans ma couverture!
PAPAVERT. Pardon, monsieur; si vous vouliez m'enseigner la rue Aux Ours?
COQUELICOT. La rue aux Ours... je ne la connais point! Je suis Coquelicot, moi. Comprends-tu?

PAPAVERT. Vous êtes Coquelicot, vous?
COQUELICOT. Oui, Coquelicot! domicilié à Pont-de-l'Arche!
PAPAVERT. Pont-de-l'Arche! je suis à Pont-de-l'Arche, à soixante lieues de Paris?
COQUELICOT. Fais donc le malin!
PAPAVERT. Soixante lieues! ô ma tête! ma tête!
COQUELICOT. Ousque j'exerce l'état de nourrisseur. Saisis-tu?
PAPAVERT. Oui! oui! je suis saisi.
COQUELICOT. Allons, allons, as-tu seulement des papiers!... Montre-moi tes papiers!...
PAPAVERT. Certainement que j'ai mes papiers!... certainement!... et au grand complet. (*Il cherche.*) Quand on va se marier! on a ses papiers... les voilà! lisez!...
COQUELICOT, *lisant*. Tête de veau au naturel!... poitrine de mouton.. barbe de capucin!... qu'est-que c'est que ça!
PAPAVERT. La carte du restaurant!... j'ai perdu la carte!... non! j'ai perdu mes papiers!...
COQUELICOT. Oh! mon, gaillard je t'y prends. Or sus, comme tu t'es introduit comme un animal champêtre et sauvage dans ma propriété qu'est à moi; suis moi z'à la gendarmerie ousqu'on règlera ton compte!
PAPAVERT. Arrêtez!
COQUELICOT. C'est toi qui le seras!
PAPAVERT. Moi!
COQUELICOT. Suis-moi! ou sinon j' t'enfourche!

AIR : *Vivre au jour le jour.*

J' vas t' faire un procès,
Un bon procès, nous allons rire,
Et d'avance j' peux dire
Que c'est moi qu'aurai le succès.
Coucher dans mon lit,
C'est bien un délit!
Justice j' demande.
Tu paieras l'amende!
Tu paieras l' procès!
Vivent les procès!!!

PAPAVERT, *abruti de plus en plus. Criant.*
Au secours! au voleur!
COQUELICOT. Ah! tu piaules! à moi les gars! à moi!

SCÈNE VIII.

LES MÊMES, PAYSANS, *arrivant par le fond*; BOIT-SANS-EAU, CACHALOT, SCHOPP, BOUFFE-TOUJOURS ET LAUDANUM, *paraissant en même temps.*

ENSEMBLE, *furieux.*

Même air.

Coucher dans son lit,
C'est bien un délit!
Justice il demande.
Il paiera l'amende!
Il paiera l' procès!
Vivent les procès!!!

(*Ils le menacent et protégent Papavert.*)

SCÈNE IX.

LES MÊMES, JACQUELINE.

JACQUELINE, *s'interposant*. Hein! qu'est-ce que j' vois! frapper l' père d' mon nourrisson!
LES PAYSANS. Qu'est-ce qu'elle dit!
PAPAVERT, *à part*. Le père! moi! le père!... à qui?
COQUELICOT. Le père à quoi?

JACQUELINE. Le père au petit, parbleu! Et ces messieurs sont ses amis!
PAPAVERT. Mes amis!
BOIT-SANS-EAU, *saluant*. Ses amis!
BOUFFETOUJOURS. Ses témoins!
CACHALOT. Jusqu'à la mort! (*Il sert la main de Papavert.*) Jusqu'à la mort!
PAPAVERT, *gêné*. Certainement!
COQUELICOT, *étonné*. Comment, vous seriez?...
BOIT-SANS-EAU. Mon Dieu! oui!...
COQUELICOT. Le père du petit?...
BOIT-SANS-EAU, *serrant la main de Papavert*. Mon Dieu! oui! Pas vrai, mon ami?
PAPAVERT, *gêné*. Certainement! certainement... (*A part, à Jacqueline.*) Merci! tu mens comme un dentiste, mais tu me sauves! Merci!... Elle est très-spirituelle, pour une Normande!
JACQUELINE. Il est venu pour l'embrasser!... oui-dà!... avec la mère aussi!...
COQUELICOT, *heureux* Pas possible!
PAPAVERT, *à part*. Allons! on a de l'aplomb dans la Seine-Inférieure!... mais c'est égal! Elle m'a sauvé! merci!
VERJUS. Tout ça, c'est peut-être des menteries; j' voulons voir la mère!... j' voulons la voir!
JACQUELINE. Tu voulons la voir! ah! tu voulons la voir! Eh bien! la voilà!
(Elle va à la chambre de droite et fait sortir Mariette).

SCÈNE X.

LES MÊMES ET MARIETTE.

PAPAVERT, *stupéfait*. Mariette! Mariette ici!
JACQUELINE. Eh bien! êtes-vous content, à la fin?...
VERJUS. Oh! enchanté, madame Coquelicot, et nous ne demandons pas mieux que de boire à la santé des deux époux.
JACQUELINE. Eh bien! allez! c'est monsieur qui offre la régalade...
TOUS. Oui, oui, une régalade.
CACHALOT. Avec accompagnement de musique... les *Huguenots*... hein?
TOUS. Non! non!
BOIT-SANS-EAU. Non, des couplets de circonstance plutôt.

AIR : *Méridien* (vaudeville).

A la santé des amoureux!
TOUS.
A la santé des amoureux!
BOIT-SANS-EAU.
Buvons un coup, buvons en deux.
TOUS.
Buvons un coup, buvons en deux.
BOIT-SANS-EAU.
Ce n'est pas moi qui paie,
Je n'ai pas de monnaie;
Mais buvez hardiment,
Et du rouge et du blanc :
Voilà celui qui paie
Et qui s'ra content
De te payer comptant.

REPRISE EN CHŒUR.

Voilà celui qui paie, etc., etc.

(Schopp verse à boire aux canotiers ; on trinque.)

BOUFFE-TOUJOURS. Allons! monsieur Onésyme, un bon mouvement, saprist!
PAPAVERT, *gêné*. Je ne demande pas mieux que d'avoir un bon mouvement.
BOIT-SANS-EAU. Eh bien! alors, tu vois qu'elle t'aime! qu'elle a préservé tes jours de la fourche homicide et normande de ce paysan courroucé.
PAPAVERT, *vexé*. Pourquoi me tutoyez-vous?

BOIT-SANS-EAU. Je te tutoye parce que la situation le veut. Oui ! elle t'aime !.... N'est-ce pas qu'elle l'aime, messieurs?
TOUS. Oui!
BOIT-SANS-EAU. Quoiqu'il ne soit ni beau, ni spirituel!
TOUS. Non!
BOIT-SANS-EAU. Mais parce qu'il est le père de son enfant!
TOUS. Oui!
BOIT-SANS-EAU. Tu l'as avoué devant nous! nous en sommes témoins!
PAPAVERT. Eh bien ! vous l'avez dit : elle m'aime; je le crois !... et je ferai quelque chose pour elle... Mariette, je t'aime, je te porte de l'intérêt; et si un riche mobilier plaqué en noyer et six mois de nourrice peuvent faire ton bonheur, sois-le !
MARIETTE, *le repoussant*. Ah!
Elle remonte vers le fond.
PAPAVERT. Eh bien ! messieurs , êtes-vous contents de ma générosité?
TOUS. Non!
BOIT-SANS-EAU. Ah! c'est comme ça!... Sortez tous de céans. Monsieur Papavert, nous vous demandons un tête à tête.
PAPAVERT, *ahuri*. Ma tête! pourquoi faire?
BOIT-SANS-EAU. Pourquoi?

MÊME AIR

C'est convenu, c'est arrêté.
TOUS.
C'est convenu, c'est arrêté.
BOIT-SANS-EAU.
Il l'a promis, il l'a juré.
TOUS.
Il l'a promis, il l'a juré.
BOIT SANS-EAU.
Il faut régler son compte.
Il va payer sa honte,
Il paiera tout vraiment,
Nourriture, logement;
Il paiera cher son compte :
Il paiera tout content,
Quoiqu'il ne soit pas content.

REPRISE EN CHŒUR :

Il paiera cher, etc., etc.

Tous les paysans sortent. Mariette sort avec Jacqueline.

PAPAVERT, *avec force*. Ah ! ça, qu'est-ce que vous voulez de moi ? à la fin, qui êtes-vous ? pour vous accrocher ainsi à mon existence depuis vingt-quatre heures; car, le fait est, que depuis vingt-quatre heures, je marche dans un cauchemar de canotiers et de canotières !... Je m'endors à Paris, et je me réveille en Normandie !... et je ne peux pas retirer mes bottes encore... Ça ne peut pas durer comme ça.
BOIT-SANS-EAU. Qui nous sommes? Au fait, il est bon que tu le saches; nous sommes les protecteurs de Mariette, nous sommes les amis de Maurice.
PAPAVERT. Maurice!... connais pas !
BOIT-SANS-EAU. De Maurice qui aime celle qui t'est destinée, Céline !
PAPAVERT. Céline ! ma dot!
BOIT-SANS-EAU. Nous voulons qu'il l'épouse, et il l'épousera.
PAPAVERT. Mais c'est atroce! mais c'est affreux !... c'est abominable ! cela crie vengeance! (*Criant.*) Vengeance!
BOIT-SANS-EAU. Tu as cinq secondes pour réfléchir.
TOUS, *dramatiquement*. Cinq secondes !
SCHOPP, *même jeu*. Cinq secondes!
(Ils se retirent au fond du théâtre et décrochent un fusil, une bassinoire, une broche, une fourche et une pelle, et attendent Papavert dans une attitude menaçante).

PAPAVERT. Taisez-vous ! pirates ! écumeurs de mer !.. anthropophages ! Oh ! je saurai bien !... (à part) et dire que pendant que je suis ici, mon rival est là-bas !... en train d'accepter ma dot !... ils sont cinq et armés, et je ne suis qu'un... cinq armés contre un futur notaire ! c'est cinq de trop !... il n'y a pas à dire... il faut leur échapper !... mais par où ? par où ? .. (Montrant la fenêtre.) Ah ! cette fenêtre !
BOIT-SANS-EAU. Eh bien !.... as-tu réfléchi ?..
PAPAVERT. Oui !... et...
BOIT-SANS-EAU. Eh bien ?...
PAPAVERT. Eh bien ! adieu ! (Il saute par la fenêtre.)

SCÈNE XI.

LES MÊMES, moins PAPAVERT.

TOUS. Il s'est sauvé ! envolé ! disparu ! par où ?
(Boit-sans-eau court après lui. — On entend une cloche sonner).
MARIETTE, entrant. Quel est ce bruit ?
JACQUELINE. Le bateau à vapeur de Rouen à Paris qui s'arrête pour prendre des voyageurs.
BOIT-SANS-EAU, reparaissant. Nous sommes volés, mes enfants ! il fait signe au bateau ; il monte dedans, en route ! le voilà parti pour Paris.
CACHALOT. Patatras !

SCÈNE XII.

LES MÊMES, FOURCHETTE.

FOURCHETTE. Hein ? Qu'est-ce qu'il y a ?...
BOIT-SANS-EAU. Il y a que Papavert s'est enfui !... Il a vingt-quatre heures d'avance sur nous ; c'est assez pour aller chez M. Flibochon, et obtenir ce qu'il désire.
FOURCHETTE, avec décision. Non pas ; n'es-tu pas toujours la reine Mab ? reprends donc ta baguette et courons sus au traître.
BOUFFE-TOUJOURS. Oui ; mais comment ?
FOURCHETTE. N'avons-nous pas le chemin de fer ?
MARIETTE. Le chemin de fer ? il y a un chemin de fer ?... Combien faut-il de temps par le bateau ?
JACQUELINE. Dix heures ?
MARIETTE. Et par le chemin de fer ?
JACQUELINE. Deux heures.
FOURCHETTE. Tu le vois, nous avons huit heures d'avance sur lui !
BOIT-SANS-EAU. Elle a raison ; bravo ! Fourchette.
MARIETTE. Eh bien ! oui ! tout n'est pas perdu... ou du moins je me serai vengée... Partons !...
BOIT-SANS-EAU. Partons ! allons en wagon ! messieurs, en wagon !
SCHOPP, appelant. Oh ! du canot, les femmes ! oh ! du canot !...
BOIT-SANS-EAU. Ce n'est plus : Oh ! du canot ! c'est : oh ! du wagon !
SCHOPP. Oh ! du wagon, les femmes ! oh ! du wagon !
MARIETTE. Et vous, nourrice, vous m'accompagnerez ; il le faut !
CACHALOT. Avec le moutard !
MARIETTE. Et en route pour Paris !
TOUS. A Paris !

CHŒUR.

Air : Amis, la matinée est belle.

Amis, reprenons confiance,
La reine Mab ! nous dirigera ;
Pour nous venger de son enfance,
Un Dieu juste nous guidera.
Lançons-nous tous à sa poursuite.
Canotiers, là-bas,

A Bougival débarquons bien vite ;
Canotiers là-bas !
Le Papavert ne nous échappera pas !
A Paris !

FIN.

Cinquième tableau.

Le théâtre représente le salon de M. Flibochon, dans sa maison de campagne. — Salon à pans coupés. — Les trois pans du fond sont ouverts et donnent sur le jardin de Flibochon. — A droite et à gauche (1er plan) portes, chaises, fauteuils, etc.

SCÈNE PREMIÈRE.

CÉLINE, assise et brodant, CRIQUET, rangeant les meubles.

CÉLINE, à Criquet. C'est midi, n'est ce pas ?
CRIQUET. Oui, mademoiselle !
CÉLINE. Et papa n'est pas encore rentré depuis ce matin ; il pêche à la ligne, sans doute, avec ce M. Bijou, dont il a fait la connaissance il y a deux jours, à présent son inséparable depuis vingt-quatre heures ! Touchante amitié de pêcheurs à la ligne ! Entre un barbillon et un goujon, on cause... on se raconte des petits secrets !... Après la confidence des petits secrets, celle des grands secrets arrive vite !... Papa répond à cela que ce monsieur lui a aussi confié ses secrets... sur la pêche a la ligne ; — amorce au ver blanc, au ver rouge !.. pouah ! amorce à la mouche pour l'ablette ! que sais-je enfin ? si bien que papa ne s'aperçoit pas que sa fille est malheureuse comme un caillou... (A Criquet.) Je suis sûre qu'il aura invité ce monsieur à déjeuner !
CRIQUET. Oui, mademoiselle.
CÉLINE. Vous allez préparer le déjeuner ?
CRIQUET. Oui, mademoiselle !
CÉLINE. Ne mettez pas mon couvert, je ne déjeunerai pas.
CRIQUET. Oui, mademoiselle.
CÉLINE. Ah ! vous m'impatientez ! sortez !
CRIQUET. Comment ! j'impatiente mademoiselle ; je jure pourtant à mademoiselle que je m'efforce à prendre les façons d'un valet de chambre de bonne maison ; depuis avant-hier au soir que le père de mademoiselle a bien voulu jeter les yeux sur moi pour être le successeur de Pierre...
CÉLINE. Assez !
CRIQUET. Bien ! mademoiselle. (Il va pour sortir.) Mademoiselle !...
CÉLINE. Quoi encore ?
CRIQUET. Le père de mademoiselle.
CÉLINE. Avec M. Bijou ?
CRIQUET. Oui, mademoiselle.

SCÈNE II.

CÉLINE, FLIBOCHON, BIJOU.

(Flibochon et Bijou entrent en causant, ils ont tous les deux leurs lignes. Flibochon tient le petit panier de pêcheur sous son bras).

BIJOU. Non, vous n'êtes pas maladroit, vous avez même des dispositions, mais vous manquez d'habitude.

FLIBOCHON. Vous avez raison, je m'exercerai. Oh ! une idée ! pour m'exercer toute la journée, ma fille a un bocal où il y a un poisson rouge !... je pêcherai dans ce bocal !... j'étudierai dans ce bocal.
CÉLINE, à part. Il n'a même pas vu que j'étais là. (Se retirant.) Je me retire, papa !
FLIBOCHON. Tiens, ma fille, te voici ! reste ! reste sans crainte ! Les discours de deux pêcheurs n'ont rien dont puisse s'alarmer la pudeur d'une jeune fille ! reste !
CÉLINE. Mais vous allez vous mettre à table, et je n'ai pas faim !
FLIBOCHON. Ah ! tu n'as pas faim ! ah ! tu n'as pas faim, mademoiselle ! Eh bien ! vous mangerez tout de même ! d'ailleurs ce sont les restes du souper que j'avais préparé pour votre contrat avec ce misérable Papavert ! (A Bijou.) Mais ne rappelons pas cette pensée amère. Ce Papavert n'était qu'un hypocrite, un canotier abominable, adonné aux liqueurs fortes et ayant des relations coupables et illégitimes avec des femmes !
BIJOU. Très-bien !
FLIBOCHON. Non, très-mal ! Enfin, il n'y fallait plus penser ! vous comprenez ? j'en avertis Céline, qui me répondit illico : Quel bonheur !
CÉLINE. Certainement, papa !
FLIBOCHON. Ah ! tu parles ! Eh bien ! savez-vous, monsieur, que j'appellerai désormais mon ami, savez-vous quelle a été la suite de son discours ?... (La contrefaisant.) Quel bonheur !... au moins, peut-être un jour ne me laisserez-vous épouser celui que j'aime ?... et savez-vous quel est celui qu'elle aime ?... je l'ai appris par la mère Lerat. Celui qu'elle aime, sous prétexte qu'il l'a retirée de l'eau, ce monsieur, c'est un de ces canotiers ! et savez-vous comment il s'appelle, je le sais, moi... il s'appelle (avec force) Goujonfrit.
CÉLINE, se levant. Goujonfrit !... ça n'est pas un nom propre.
FLIBOCHON. Non ! et vous voudriez que je vous donnasse à ce M. Goujonfrit ! vous voudriez que votre père fût le beau-père d'un Goujonfrit ? Ah ! ma fille ! jamais un Goujonfrit n'entrera dans ma famille !
BIJOU, à Céline. En effet ; d'ailleurs, mademoiselle votre fille est assez jolie, assez bonne, assez aimable pour être certaine de ne pas attendre longtemps, et quant à moi, je connais contrat avec ce M. Goujonfrit !... je connais plusieurs jeunes gens qui, s'ils osaient et s'ils étaient connus de vous, viendraient briguer l'honneur de disputer sa main.
FLIBOCHON. Parbleu !
BIJOU. Tenez, justement, plusieurs jeunes amis à moi, auxquels j'ai fait part de votre accident, M. Duvivier, peintre distingué, M. Lambert, jeune médecin, M. Lenoir, attaché dans un ministère, M. Girandon, un futur diplomate.
FLIBOCHON. Duvivier ! Lenoir ! Girandon ! un médecin ! un peintre ! un diplomate ! A la bonne heure ; mais non, mademoiselle préfère un Goujonfrit !
CÉLINE. Eh bien ! oui !
BIJOU. Qu'est-ce à dire ?
BIJOU. Je connais encore un charmant garçon, ennemi du célibat, avocat déjà distingué, n'ayant pas de fortune, il est vrai !
FLIBOCHON. Bah ! qu'importe, le bonheur n'habite pas sous les lambris dorés, comme a dit ce voltairien de Jean-Jacques.
BIJOU. Mais ayant un nom honoré et honorable, M. de Preuil !
FLIBOCHON. M. de Preuil ! mais dans ma jeunesse j'ai été intimement lié avec un de Preuil, lieutenant.
BIJOU. D'artillerie !
FLIBOCHON. Oui.
BIJOU. C'était le père de mon jeune homme.
FLIBOCHON. Alors, c'est son fils ! Eh bien ! je ne vous cacherai pas, ça me ferait plaisir

de le voir, cet enfant! charmant jeune homme! il est avocat, lui! il ne canote pas! lui! en vareuse! lui! j'en suis sûr! lui!

SCÈNE III.

Les Mêmes, CRIQUET.

CRIQUET, *lui présentant une carte.* Monsieur!..
FLIBOCHON. Hein!.. Qu'est-ce?..
CRIQUET. Il y a là un monsieur qui désire parler à monsieur...
FLIBOCHON. Son nom?..
CRIQUET. Voici sa carte.
(Il la donne à Flibochon.)
FLIBOCHON, *lisant.* Maurice de Preuil! Comment, celui dont... celui que... justement à l'instant...
CÉLINE, *à part.* C'est bizarre!..
CRIQUET. Monsieur, ce monsieur est là avec plusieurs autres messieurs...
FLIBOCHON. Et leur nom?
CRIQUET. Ils m'ont remis leur carte pour les transmettre à monsieur.
FLIBOCHON. C'est bien... donnez... (*Lisant.*) Lenoir, Lambert, Duvivier, Girandon. Ces jeunes gens dont nous nous entretenions à l'instant même!.. Que peuvent-ils me vouloir? Je ne peux recevoir ces jeunes gens dans un déshabillé aussi déshabillé... un avocat, un médecin, un diplomate!.. Il faut que j'aille mettre ma cravate blanche; dépouillons le pêcheur et redevenons père et notaire. Ma fille, dans cet instant solennel où ton avenir va peut-être se décider, il est de traditions que la jeune fille ne soit pas consultée; va donc dans ta chambre, j'irai te quérir lorsque ton bonheur sera fait.

AIR

Pour dignement recevoir
Ces jeunes gens en visite,
Je pars et je vais bien vite
Endosser mon habit noir.

SCÈNE IV.

CÉLINE, LE PÈRE BIJOU.

CÉLINE, *piquée.* Mon père est sorti. (*A Bijou.*) Ah! ça! pourrais-je à la fin savoir, monsieur, de quel droit vous vous occupez de ce qui ne vous regarde nullement; de quel droit vous vous intéressez si fort à ma personne!... et de quel droit enfin, vous appelez ici, dans la maison de mon père, cinq ou six jeunes gens dont je n'ai nulle envie de faire la connaissance.
BIJOU, *avec bonhomie.* Méchante enfant! c'est parce que je veux votre bonheur!
CÉLINE. Ah! c'est parce que vous voulez mon bonheur, que vous m'envoyez un monsieur Lambert, Duvivier, de Preuil...
(En ce moment Maurice paraît au fond.)
BIJOU. De Preuil... certainement!
CÉLINE. Mais je ne veux pas de votre monsieur de Preuil!.. Je ne l'ai jamais vu, mais c'est égal, je ne peux pas le souffrir...

SCÈNE V.

CÉLINE, BIJOU, MAURICE, SCHOPP.

MAURICE. Qu'entends-je?
SCHOPP, *annonçant.* Monsieur de Preuil.
BIJOU, *à Céline.* Vous ne pouvez pas le souffrir, dites-le lui donc à lui-même.

CÉLINE. Certainement, et... (*Se retournant et reconnaissant Maurice.*) Monsieur Maurice!...
BIJOU, *à Céline.* Eh! bien?
CÉLINE. Quoi? c'est vous qui vous appelez de Preuil? (*A Bijou*). Pardonnez-moi, monsieur, si j'avais su, et vous, monsieur Maurice... Mais si mon père vous reconnait, lui qui vous a juré une haine éternelle, ainsi qu'à vos amis.
MAURICE. Mes amis, permettez-moi de vous les présenter...
CÉLINE. Y pensez-vous? des canotiers chez papa avec des vareuses!.. Papa les fera jeter à la porte.
MAURICE. Non pas! entrez mes amis!...

SCÈNE VI.

Les Mêmes, BOIT-SANS-EAU, BOUFFE-TOUJOURS, CACHALOT, LAUDANUM.

(Ils sont tous en habit et en pantalons noirs, cravate blanche et gants blancs. — Maurice les présentant).

BOIT-SANS-EAU.

AIR : *La itou* (du Ier acte).

Tout de noir habillé ayant changés de peau,
Nous sommes devenus des gens très comme il faut!
(L'orchestre continue la ritournelle).

BIJOU. Et la reine Mab?... où est-elle?
SCHOPP. En face... chez la mère Lerat.
BIJOU. Bon alors! Fais le guet.
SCHOPP. J'y cours, mon amiral! (*Au moment de sortir, il dit :*) Garde à vous! voici monsieur Flibochon!
BOIT-SANS-EAU. Flibochon, garde à vous! fixe!
(Céline sort par la gauche).

SCÈNE VII.

Les Mêmes, FLIBOCHON, *en habit noir et en cravate blanche.*

FLIBOCHON, *saluant.* Messieurs!
TOUS, *saluant.* Monsieur!
FLIBOCHON. Veuillez m'excuser de vous avoir fait tant attendre... mais il fallait que je corrigeasse le désordre de ma toilette; à présent je suis tout à vous.
BIJOU. Permettez-moi de vous présenter ces messieurs, mes amis!... M. Duvivier, peintre.
(Boit-sans-eau saluant cérémonieusement).

AIR *de La itou!*

Dessinant le portrait, tout prêt à vous servir
Et prêt à vous croquer, si vous fait plaisir.
FLIBOCHON, *remerciant.* Monsieur!...
BIJOU. M. Girandon.

BOUFFE-TOUJOURS.

Illustre Flibochon, je voudrais, sans mentir,
Que vous fussiez malade, afin de vous guérir.
FLIBOCHON. J'aime et j'honore les médecins, monsieur; partant de ce principe, c'est que se bien porter, c'est nécessaire à la santé!
BOIT-SANS-EAU. C'est raisonner comme il faut.
FLIBOCHON. Je ne sais pas, mais c'est mon opinion, je la partage!...

LE PÈRE BIJOU.

Même air.

Il est surnuméraire et chanteur de salon!

CACHALOT.

Moi, je suis diplomate et de plus baryton!
(Pendant cette présentation, l'orchestre joue la ritournelle de *La itou*).

FLIBOCHON. C'est à merveille! Eh bien! moi aussi!

Même air.

Pour parler comme vous, je suis de tout mon cœur,
Avec bien du respect, votre humble serviteur!
BOIT-SANS-EAU.
La itou! tra la la!
FLIBOCHON.
La itou! tra la la!

BIJOU. Quant à monsieur, c'est Maurice de Preuil.
FLIBOCHON. Maurice de Preuil! approchez donc ici, mon jeune ami!
BOIT-SANS-EAU, *à part.* Pourvu qu'il ne le reconnaisse pas!
FLIBOCHON. Votre père était mon ami, et je serai heureux de reporter sur le rejeton la tendre affection que je portais à la branche mère; non! c'est-à-dire à la branche père.... c'est une métaphore destinée à peindre mes sentiments à votre égard; votre main, mon jeune ami, votre main!
MAURICE. Sentiments dont je suis flatté infiniment croyez-le!... et c'est pour moi un honneur insigne.
FLIBOCHON. Il parle bien ce garçon-là.. oh! mais très-bien!...
BOIT-SANS-EAU. Maintenant que nous avons eu l'avantage de vous être présentés, nous devons vous dire le motif de notre visite.
FLIBOCHON. Elle est toute expliquée, mon cher monsieur.
BOIT-SANS-EAU, *avec enthousiasme.* Oui, monsieur, avertis par notre honorable ami, M. Bijou, ci-présent, de la catastrophe qui vous est arrivée et de l'outrage public que vous avez reçu d'un serpent que vous auriez réchauffé sous votre habit noir, nous avons senti notre cœur battre.
BOUFFE-TOUJOURS. Battre à 250 pulsations!.. d'une généreuse indignation.
BOIT-SANS-EAU. Oui, monsieur!
TOUS, *avec énergie.* Oui, monsieur!
BOIT-SANS-EAU. Nous avons gémi sur le sort d'un père infortuné, trompé par un affreux canotier déguisé en Papavert!... et nous avons voulu, quoique inconnus de vous, vous offrir notre appui, oui, monsieur!
TOUS, *avec énergie.* Oui, monsieur!
BOIT-SANS-EAU. Nous nous mettons tous à votre disposition : faut-il plaider pour vous! voici Maurice! Faut-il vous saigner? Saignare, Purgare, et christerium donare? Voici un médecin. Faut-il reproduire vos traits calmes et sereins malgré la douleur? me voilà! nous voilà! Nous vous offrons dix cœurs et vingt bras pour vous défendre! cinq bras pour vous chérir!

CACHALOT, *chantant.*

Dix bras pour vous défendre,
Cinq cœurs pour vous chérir.

TOUS.

Dix cœurs pour vous défendre,
Cinq bras pour vous chérir!

FLIBOCHON, *attendri.* Ah! monsieur Bijou! ah! monsieur Maurice! Ils sont charmants, vos amis!—Merci, messieurs merci! vous êtes jeunes, c'est à-dire vous êtes bons!... un des privilèges de la jeunesse, c'est d'être jeune.... En effet, j'ai été joué, trompé, par un homme appartenant à une secte réprouvée, j'ai nommé les canotiers, mais j'ai supporté le coup en brave!... j'ai seulement pris une précaution... j'ai fait dresser mon chien d'une façon remarquable, et le premier canotier qui osera franchir ma grille sera

infailliblement dévoré par mon fidèle Turc ! — Nonobstant je vous congratule de votre généreux empressement et vous prie de prendre part à mon déjeuner...
TOUS, *remerciant*. Monsieur !...
FLIBOCHON. Ne vous gênez pas !... Ce sont les débris du festin de noces !... Ils seraient perdus sans cela !...
BOIT-SANS-EAU. Alors nous acceptons, pour vous plaire !
BOUFFE-TOUJOURS. Nous mangerons !
LAMPE-A-MORT. Nous boirons !
CACHALOT, *déclamant*. « Le dîner d'un grand homme est un bienfait des dieux ! »
FLIBOCHON, *ne comprenant pas*. Hein ?
CACHALOT. C'est dans *les Huguenots*.
FLIBOCHON. Eh bien, messieurs, à table !
TOUS. A table !

BOIT-SANS-EAU.

AIR du Jambon de Bayonne. *Trombalcazar*

Décidément votre cam,
Vot' cam, cam,
Vot' pa, pa,
Décidément votre cam-
Oui, votre campagne
Est un pays de co,
Oui, de co, co,
De ca, ca,
Est un pays de co,
De cocagne.

REPRISE ENSEMBLE.

(A ce moment on entend aboyer. — Mouvement général).

FLIBOCHON. Hein ?... qu'est-ce que c'est que ça ?... mon chien qui aboie ?...
BOIT-SANS-EAU. Déjeunerait-il avec un canotier ?
FLIBOCHON. J'en ai peur !... ou plutôt je l'espère !...

SCÈNE VIII.

LES MÊMES, SCHOPP, *suivi de* PAPAVERT.

SCHOPP, *entrant en courant*. Alerte ! Alerte !
FLIBOCHON. Hein ! quoi ?... qu'est-ce ?...
SCHOPP, *très vite*. Sauve qui peut ! Papavert est revenu !..,
TOUS. Papavert ! (*Ils se cachent derrière les meubles.*)
(Papavert entre en se débattant. Il a son pantalon déchiré, habillement sale, les cheveux ébouriffés : la physionomie à l'envers.
PAPAVERT, *criant*. Au secours ! à la garde ! à l'assassin !
FLIBOCHON, *stupéfait*. Papavert !... dans mes lares !
PAPAVERT. Ah ! c'est vous, papa beau-père !.. une chaise... un fauteuil... un canapé... un bain de siège... Oh ! il m'a déchiré un morceau de moi même !
FLIBOCHON, *n'y comprenant rien*. Que veut dire ?
PAPAVERT, *furieux*. Ce que cela veut dire ?.. ça veut dire que je suis exaspéré, horripilé !.. ça veut dire que je suis blessé... (*Il veut s'asseoir.*) Ah !

(Il se lève vivement).

FLIBOCHON, *gravement*. Monsieur Papavert, votre présence ici est incongrue.
PAPAVERT. Incongrue ! qui, moi, incongru ! après les horribles dangers auxquels je viens d'échapper, sont-ce là les paroles qui doivent sortir de la bouche d'un beau-père ?..
FLIBOCHON. Comment ?

PAPAVERT,

AIR : *Sur papier vert*.

C'est une histoire de brigand,
C'est une aventure effroyable
Dont il est fort invraisemblable
Que je sois sorti tout vivant !
Oui, des pirates, des corsaires,
Dessous un pont, en plein Paris,
M'ont sans faire de plus manières,
Dépouillé de tous mes habits !
Sans pudeur, ils ont sur ma foi
Enlevé jusqu'à mes culottes,
Et s'ils ne m'ont pas pris mes bottes,
C'est qu'elles tenaient trop à moi !
Ils m'ont à force de menaces,
Malgré mon horreur du tabac,
Sans s'arrêter à mes grimaces,
Fait boire un litre de cognac.
Pour m'arracher à mon amour,
Les monstres avec perfidie
M'ont jeté dans la Normandie,
Qui ne m'a pas donné le jour !
Bref ! grâce à ma noble valeur,
La peur me donnant du courage,
Je viens d'échapper à leur rage,
Avec l'aide de la vapeur !
Et, courant sans reprendre haleine,
Echappant à pareil trépas,
Je traverse ce bras de Seine,
Afin de tomber dans vos bras.
Quand pour terminer, votre chien,
Sans égard et sans politesse,
Au cœur, cruellement me blesse,
Ah ! ce n'est pas bien,
Nom d'un chien !

Pendant cet air tous les canotiers se sont rapprochés insensiblement de Papavert et l'ont entouré sans qu'il s'en aperçoive ; quand il a fini, ils reprennent au chœur : C'est une histoire de brigands, etc., etc.

PAPAVERT, *se retournant et les reconnaissant*. Ah !..
FLIBOCHON. Quoi ?
PAPAVERT, *avec terreur*. Ah ! grand ciel !
FLIBOCHON. Quoi !
PAPAVERT. Ce sont eux... au secours beau-père... au secours !..
FLIBOCHON. Eux ! qui eux ?...
PAPAVERT. Eux ! les corsaires ! les pirates, les canotiers ? Boit-sans-eau, Bouffe-toujours, Goujonfrit.
FLIBOCHON. Est-il possible ?... Que veut dire ce logographe ? jour de ma vie ! répondez, messieurs ! parlez ! je suis sur le gril ! sur le pal ! ce que je viens d'ouïr est-il vrai.
CACHALOT, *chantant*. Ma cause est juste et sainte !
FLIBOCHON. Qu'est-ce c'est !
CACHALOT. C'est dans *les Huguenots* !...
FLIBOCHON. Allez vous promener avec vos *Huguenots*, et vous monsieur Maurice, parlez !
MAURICE, *avec désespoir*. Des canotiers ! rien n'est plus vrai, mais quand je vous aurai dit...
FLIBOCHON, *avec désespoir*. Des canotiers ! des canotiers chez moi ! ici ! et Turc ne les a pas mangés !.. Sortez ! ou j'appelle la maréchaussée, chaussée de ses bottes et de ses chevaux.
BOIT-SANS-EAU. Eh bien ! non, nous ne partirons pas ! nous sommes ici par la volonté !...
FLIBOCHON. La volonté de qui, bandit !
BOIT-SANS-EAU. La nôtre ! parbleu !
SCHOPP. Et la volonté de la Reine Mab !
PAPAVERT, *épouvanté, à part*. La Reine Mab ! Mariette ! expulsez, beau-père ! expulsez !
FLIBOCHON. Oui ! expulsons ! mon gendre. A moi, Criquet ! à moi, mon féal !
LE PÈRE BIJOU. Ah ! c'est comme ça ! Eh !

nous aussi nous avons notre réserve ! canotiers ! faites avancer la garde !
FLIBOCHON. La garde !
BOIT-SANS-EAU. En avant ! les canotiers ! en avant le cri de guerre des flambards de la reine Mab !
TOUS. A nous ! la reine Mab ! à nous !

ENSEMBLE.

AIR : *Reine Mab* (2e acte).

O reine Mab ! prouve-nous ta puissance !
PAPAVERT.
C'est affreux !
FLIBOCHON.
Oui, c'est scandaleux !
TOUS.
Confonds le crime et soutiens l'innocence,
A nous la reine Mab !
(*A ce moment on entend dans le lointain :*)

Même air.

La reine Mab entend votre prière,
Tra la la la la !

FLIBOCHON. (*Parlé.*) Qu'est-ce que c'est que ça ?

LA REINE MAB, *dans la coulisse*.
Pour vous aider en amour comme en guerre,
Voici la reine Mab !

PAPAVERT.
Ah !

SCÈNE IX.

LES MÊMES, ZIZINE, FOURCHETTE, TITINE, *vêtues en canotières*.

FLIBOCHON, *au comble de la stupéfaction*. Des matelottes ! que venez-vous faire ici, femmes légères !
FOURCHETTE. Ce que nous venons faire, vous complimenter, parbleu, puisque je suis la marraine du petit et que c'est vous qui allez être grand-papa !
TOUS. Vive grand-papa !
FOURCHETTE. Laissez-moi vous embrasser, grand-papa !
PAPAVERT, *furieux*. Grand-papa vous-même, entendez-vous ! (*Se débattant.*) Assez ! assez ! Approchez, mon gendre, et répondez !
PAPAVERT. Ah ! j'ai un étourdissement... j'y vois trouble ! je vais me trouver mal, je voudrais bien m'en aller...

(Il veut sortir.)

SCÈNE X.

LES MÊMES, MARIETTE.

MARIETTE, *l'arrêtant*. Un instant !
FLIBOCHON. Encore une matelotte !
MARIETTE. Et moi, Papavert, tu me reconnaîtras, au moins !..,
PAPAVERT. Mariette ! patatras !
FLIBOCHON. Elle le tutoie ! je suis foudroyé !

MARIETTE.

AIR des *Mémoires du diable*.

Au rendez-vous fidèle,
Auprès de vous j'accours !
Je viens, quand on m'appelle,
Apporter mon secours.
Oui, pour faire aux méchants la guerre,
Et leur rappeler leurs serments !

LES CANOTIERS DE LA SEINE.

Je descends sur la terre
Et je dis aux amants :
Voilà ! (Bis.)
La reine Mab est là !
Oui, me voilà !

TOUS.
Oui, la voilà !

FLIBOCHON. Ah ! çà, monsieur Papavert, m'expliquerez-vous ?...
MARIETTE. C'est bien simple !...
PAPAVERT, à Mariette. Silence !
FLIBOCHON. Assez ! assez ! j'ai compris ! tout est rompu, mon gendre... (Il va chercher sa fille.) Et toi, ma fille ! j'ai disposé de ton sort ! sois heureuse ! tu n'épouseras personne !...
CÉLINE, avec prière. Mais monsieur Maurice, mon père !...
FLIBOCHON. Viens, te dis-je !...
CÉLINE. Monsieur Maurice de Preuil !... avocat !...
MAURICE. Le fils de monsieur de Preuil, votre ancien ami !
FLIBOCHON. Turlututu ! turlututu !
MARIETTE. Et moi, Onésyme ?
PAPAVERT. Turlututu !...
BOIT-SANS-EAU, à Flibochon. Je ferai votre portrait représentant la clémence de Flibochon !
FOURCHETTE, à Papavert. Nous vous blanchirons et repasserons gratis !
MAURICE. Je vous aiderai dans votre étude : ça vous fera l'économie d'un premier clerc.
FIFINE, à Papavert. Moi, je me charge de recoudre vos boutons de chemise.
CACHALOT, à Flibochon. Moi, je vous chanterai les Huguenots tous les soirs !
LE PÈRE BIJOU, à Papavert. Moi, j'ai des économies : une dizaine de mille francs ; j'en fais cadeau à Mariette.
PAPAVERT, changeant de ton. Dix mille francs ! Faiblirais-je ?
LE PÈRE BIJOU, à Flibochon. Je serai votre professeur de pêche.
FLIBOCHON, avec intérêt. Professeur de pêche ! (Changeant de ton.) Faiblirais-je ?

CHŒUR.

AIR : Pitié, madame.

LES CANOTIERS, à Flibochon.
Pitié, beau-père !
Pour un amant !...

LES CANOTIERS, à Papavert.
Pitié, p'tit père,
Pour ton enfant !

LES CANOTIERS, même jeu.
Pitié, notaire !
Et bon vieillard !

LES CANOTIERS, même jeu.
Pitié, p'tit père !
Pour ton moutard !

(Flibochon se mouche attendri. — Papavert a l'air de réfléchir.)

PAPAVERT, après avoir réfléchi. Ma foi, tant pis ! je n'y tiens plus ! Tant de preuves d'amour et puis les 10,000 francs, ça me décide !... Dans mes bras, Mariette ! dans mes bras ! (Il embrasse Mariette.)
LES CANOTIERS. Vive Papavert !...
FLIBOCHON. Eh bien ! c'est comme ça ! Eh bien, moi aussi je ferai de la fantaisie invraisemblable : Céline, ma fille, tu es riche, tu as cent mille francs de dot. Eh bien ! épouse M. Maurice, quoiqu'il n'ait pas le sou !
TOUS. Vive Flibochon !
FLIBOCHON. Mais à une condition.
MAURICE Et laquelle ?
FLIBOCHON. Tu renonces au canot à tout jamais !
MAURICE. Hélas ! il le faut bien.
SCHOPP. Eh bien, et le canot qu'est-ce qu'il va devenir !
MAURICE. Le canot, je vous le lègue, mes amis, à vous qui m'avez si vaillamment aidé, recevez les adieux de votre capitaine.
SCHOPP, s'essuyant un pleur, Cristi !... il y a une mouche qui m'est entrée dans l'œil.
MAURICE. Oh ! ne craignez rien, camarades ! votre capitaine prend sa retraite, il est vrai ; — mais votre ami vous reste et se souviendra toujours de cette belle et joyeuse existence de canotiers.
BOIT-SANS-EAU. Ah ! mille sabords ; assez de sentiments comme ça ; chante plutôt une dernière fois encore avec tes amis le refrain à boire des équipiers de la reine Mab !

TOUS.

AIR du 1er acte.

La itou, tra la la.

(Ils s'avancent tous vers le public en se tenant par la main, et chantent après avoir salué.)

Mesdames et messieurs, quoiqu'il fasse bien chaud,
Nous venons vous prier de ne pas nous jeter dans
                                                    l'eau.

La itou, tra la la.

FIN.

NOTE POUR LA PROVINCE.

Les Directeurs des théâtres de province, qui seraient dans l'intention de monter cette pièce, et spécialement ceux des villes où le *canotage* est à la mode, tels que Rouen, Nantes, Bordeaux, le Havre, etc., pourront changer le titre de cette pièce et l'intituler LES CANOTIERS. — Le décor du premier acte peut être modifié et l'action se passer sur la berge d'un quai de la Loire, du Rhône ou de la Garonne.

Pour la musique, s'adresser à M. Oray, chef d'orchestre des Folies-Dramatiques.

Paris. — Imprimerie Walder, rue Bonaparte, 44.